# TED 처럼 말하라

세계 최고 프레젠테이션의 25가지 비밀

아카시 카리아 지음
김준수 옮김

정보문화사
Information Publishing Group

How to Deliver a Great TED Talk Copyrigtht ⓒ 2012, Akash Karia
All rights reserved.
Korean translation copyright ⓒ 2014, IPG
This Korean edition published by arrangement with the author.

세계 최고 프레젠테이션의 25가지 비밀
# TED처럼 말하라

**초판 1쇄 인쇄** | 2014년 7월 23일
**초판 1쇄 발행** | 2014년 7월 29일

**지 은 이** | 아카시 카리아
**옮 긴 이** | 김준수
**발 행 인** | 이상만
**발 행 처** | 정보문화사
**기획팀장** | 이미향
**책임편집** | 정수진
**디 자 인** | 서정희

**주    소** | 서울특별시 종로구 동숭동 1-81
**전    화** | 02-3673-0037~9(편집부), 02-3673-0114(대)
**팩    스** | 02-3673-0260
**등    록** | 제1-1013호
**I S B N** | 978-89-5674-620-3

**도서문의 및 A/S 지원**
**정보문화사 홈페이지** | http://www.infopub.co.kr

이 책의 한국어판 저작권은 저자와의 계약에 의해 정보문화사에 있습니다.
저작권법에 의해 한국 내에서 보호를 받는 저작물이므로 무단 전재 및 복제를 금합니다.

• 정보문화사는 독자 여러분의 의견에 항상 귀를 기울이고 있습니다.
• 잘못된 책은 구입처에서 교환해드립니다.
• 가격은 뒤표지에 있습니다.

항상 나를 믿어주신 어머니, 아버지와
내 사랑하는 누이에게 바친다.

나의 가장 친한 친구들, 아프샨, 알리, 알파즈, 콕 린과 샐림.
항상 거기에 있어 주기를.

이상과 현실 속에서 방황하던 내게 이 책을 쓸 용기를 불어넣어준
클로이에게 감사의 마음을 전한다

## 추천의 글

"아카시는 세계 최고의 강연가들이 사용하는 최고의 아이디어와 도구, 프로세스를 포착해냈다. 그가 단계별로 쉽게 풀어낸 이 가이드는 군중 속에서 당신을 빛나게 해 주는 프레젠테이션을 발견하고 개발하고 전하도록 해줄 것이다."

— 마이클 데이비스, 스피킹 코치

"나는 아카시가 이 책에서 나누는 이 실용적인 기술, 전략의 범위와 질에 감명 받았다. 그는 철저한 조사를 통해 이 기술에 익숙하지 않은 사람이라도 정확한 사용법을 체득할 수 있도록 풍부한 사례들을 제시하고 있다. 당장 TED 강연을 앞둔 사람뿐만 아니라 자신의 프레젠테이션을 개선하고 싶은 사람이라면 누구나 써먹을 수 있는 단계별 프로세스를 제공한다."

— 캐스 데일리, 프레젠테이션 전문가

"내가 이제껏 읽은 프레젠테이션 책 중에서 가장 명확하다. 놀랍도록 간단하고 쉽게 읽히지만 넓은 범위의 주제를 다루고 있다. 실용적인 팁과 예시들, 자신의 경험이 풍부하다."

— 재비어, 아마존닷컴 리뷰어

"가슴에 휘몰아치는 스피치를 만들어내는 장인의 손길이 이 책에 담겼다."

– 타니아 드 위니

"이 책이 담고 있는 명료한 사례와 실용적인 테크닉은 당신을 보다 효율적인 연사이자 스토리텔러로 만들 것이다."

– 에이미 헤지, 자기 계발 강사, 기업 트레이너

"이 책은 프레젠테이션의 종류에 상관없이 쓸 수 있는 실용적인 아이디어로 가득하다!"

– 캐시 볼거, 프레젠테이션 인스트럭터

"위대한 TED 강연을 위한 단순한 로드맵. 훌륭한 토스트마스터이자 인스트럭터, 지역 TED 위원회의 회원으로서 나는 이 책이 역동적이고 기억에 남는 TED 강연을 위한 핵심 포인트를 모두 다루고 있다고 보증한다."

– 필립 만, 토스트마스터

> 저자의 글

## 당신의 메시지를 나눠라

이 책을 선택해줘서 감사하다는 말을 전하고 싶다. 나는 더 나은 강연자가 되고자 하는 사람들을 돕는 데 큰 열정을 갖고 있다. 나는 만 명의 사람들을 도와 강연 전문가로 만들었고, 그들이 다시 계속해서 타인을 도왔으면 하는 바람이 있다. 그러니 만약 당신이 이 책에서 그럴만한 가치를 발견했다면, 당신의 친구에게도 추천하여 지루한 프레젠테이션을 이 세상에서 없애는 일에 동참하도록 권유해주기 바란다.

대중 강연에서 단 하나의 중요한 원칙이 있다면 강연을 반드시 쾅! 하고 마무리해야 한다는 것이다. 뭔가 기억에 남도록 강연을 마무리하라. 청중들이 따를 수 있는, 간명한 다음 단계를 제시해야 한다. 그래서 나 역시 이 책을 다 읽은 후 시도해볼 마지막 연습 과제를 제시하고자 한다. 아래의 과제를 강연 전에 수행하여 당신의 마음속에 자신감을 불어넣기 바란다.

마음을 편히 하고 의자에 기대어 앉아, 무대 위에 올라 청중들과 메시지를 나누는 자신의 이미지를 떠올려라. 미소 지으며 열중하는 관객을 상상하라. 당신의 말 한 마디 한 마디에 귀를 기울이는 사람들을 그려보라. 당신의 스피치에 완전히 빠져들어서 당신의 유머에 깔깔대고, 당신의 스토리에 넋을 잃은 사람들을 떠올려라. 그리고 무엇보다 자신감 있게 열과 성을 다해 그 순간을 즐기는 당신 자신을 상상해보라.

당신의 모든 감각—시각, 청각, 촉각, 후각—을 사용해 마음속에 이 장면들이 생생하게 움직이도록 하라. 청중의 웃음소리를 들어라. 그들의 미소를 보고 박수소리를 들어라. 성공하는 자신을 보라.

이제 가서 최고의 TED 연설을 펼쳐라. 당신의 메시지를 세상과 나눠라!

그리고 나에게도 어떻게 됐는지 그 결과를 알려주기 바란다.

아카시

◐ 서문

# TED 성공(SUCCESS)의 비법

만약 당신이 한 번이라도 TED 영상(www.ted.com)을 본 적이 있다면, 분명 켄 로빈슨(Ken Robinson), 질 볼트 테일러(Jill Bolte Taylor), 사이먼 사이넥(Simon Sinek)과 대니얼 핑크(Daniel Pink) 같은 인물들의 환상적인 강연에 매료되고 매혹을 느꼈을 것이다.

그들의 TED 강연을 그토록 감명 깊게 만드는 비법은 무엇인가? 그 성공의 비밀 공식은 무엇일까? 그리고 당신은 어떻게 이 공식을 이용해 자신만의 강력한 TED 강연(혹은 다른 어떤 프레젠테이션이나 발표)을 만들 수 있을까?

이 책에서 안내하는 바를 잘 따르기만 한다면 당신의 청중들은 필연적으로 당신의 언변과 발표에 사로잡히지 않을 수 없을 것이다.

나는 가장 감명 깊은 TED 강연 200개 이상을 연구하고 어구 하나하나를 분석하여 성공의 공통 요소들을 발견해냈다. 이 책은 그 노력의 결실로써, 놀랍도록 짧은 시간을 들이고도 당신의 프레젠테이션이 급격히 발전할 수 있도록 도와줄 것이다.

또 이 책은 베스트셀러 작가인 칩 히스와 댄 히스 형제의 저작에 기초하고 있다. 그들의 훌륭한 저술인 『스틱!』(엘도라도, 2009)에서 히스 형제는 기억에 착 달라붙는 스티커 메시지를 창출하는 6가지 법칙을 밝혀냈다. 나는 그 법칙들을 매우 설득력 있는 프레젠테이션을 창조하는 데 적용해볼 것이다. 그들의 SUCCESS 프레임워크에 TED 강연의 사례를 접목해 어떻게 그 법칙들이 공개 강연에 적용될 수 있는지를 보여 주려 한다.

이 책을 읽기 전에 반드시 『스틱!』을 읽어야 할 필요는 없다(그래도 가급적 한번 들춰볼 것을 권한다). 하지만 당신이 이미 『스틱!』을 읽어 보았다면, 이 책이 마음을 움직이는 프레젠테이션과 연설에 확실한 도움이 될 수 있음을 금세 알아챌 수 있을 것이다. 히스 형제가 창안한, 이 책의 근간을 이룰 SUCCESS 공식을 간략히 요약해 보겠다.

## 단순하게(Simple)

어떤 유형의 메시지이든—광고이든 프레젠테이션이든—쉽게 이해할 수 있도록 단순하고 명확할 필요가 있다.

이 법칙을 프레젠테이션에 어떻게 적용해야 할까?

당신의 메시지가 적절히 간결한지 어떻게 알 수 있는가?

마구잡이로 줄이지 않으면서 어떻게 당신의 메시지를 심플하게 만들 수 있을까?

당신의 강연을 하나의 단순하고 핵심적인 메시지로 요약해 보라. 강연이 끝난 뒤에도 청중들이 기억했으면 하는 단 한 가지는 무엇인가? 그 포인트를 어린아이도 이해할 수 있는 표현으로 한 문장에 요약해 낼 수 있어야 한다. 일단 이 과정을 거친 다음 당신의 메시지를 간결하게 만드는 일에 착수해야 하는 것이다.

이 책을 읽어가면서 당신은 자신의 메시지를 깔끔하게 정리하는 법을 익히게 될 것이다.

## 예기치 않게(Unexpected)

최고의 메시지는 충격적이면서 예상하지 못했던 바를 전달하는 것이다.

프레젠테이션에서 청중들의 주의를 끄는 가장 효과적인 방법은 뭔가 예기치 못한 말이나 행동을 하는 것이다. 하지만 그렇다고 해서 단지 주의를 끌기 위해 눈속임이나 돌발 행동을 하라는 건 아니다. 당신이 말을 비트는 것조차 전달하고자 하는 메시지의 일부가 되어야 함을 명심하자. 놀라운 사실이나 통계를 제시하는 것이 적절한 방법 중 하나다. 예를 들면, 건강한 먹거리 선택에 대해 이야기할 때 "팝콘은 몸에 해로워요"보다는 "팝콘 한 봉지를 먹는다는 건 종일 기름진 음식을 먹는 것만큼이나 건강에 좋지 않습니다"라고 말하는 게 훨씬 효과적이다. 청중들은 후자의 진술에 더 놀랄 것이며 팝콘의 유해성에 대한 따분한 진술보다 훨씬 강렬하게 기억하게 될 것이다.

하지만 당신이 강연하는 주제가 원래 지루하고, 놀랍거나 비틀만한 여지가 전혀 없는 경우엔 어떻게 해야 할까?

앞으로 우리는 충격이나 신선함과는 전혀 상관없어 보이는 지루한 메시지에 '의외성'을 담아 강력하게 재탄생시키는 방법에 대해 논하게 될 것이다.


## 구체적으로(Concrete)

『스틱!』에 따르면, 최고의 메시지는 모호하지 않고 구체적이어야 한다. 이것이 당신의 프레젠테이션에 시사하는 바는 무엇일까?

모호한 표현을 삼가야 한다. 구체적이고 분명한 디테일을 전달하라. '몇 달 전에'보다 '2011년 3월 19일에', "건강식을 하라"고 말하기보다는 "절대 햄버거를 먹지 마라"고 말하라.

이제 당신은 프레젠테이션을 보다 구체적으로 만들 수 있는 몇 가지 기술을 익히게 될 것이다.


## 믿을만하게(Credible)

가장 효과적인 메시지에는 신뢰와 믿음이 함께 해야 한다.

자, 그럼 어떻게 신뢰받을 수 있는 프레젠테이션을 창조해낼 것인가?

당신의 경력이나 성과를 들먹이지 않으면서도 신뢰를 얻는 방법이 있을까?

이 때 쓸 수 있는 전략 중 하나는 당신이 전문성을 가진 분야에 대해 말하는 것이다. 예를 들어 '10일 만에 백만장자 되는 법'을 다루려 한다면, 주머니가 꽤 두둑하다는 확신을 주어야 한다. 당신이 강연하는 바로 그 메시지를 자신이 이미 누리고 있다는 걸 보여줘야 한다는 뜻이다.

앞으로 우리는 제 3의 출처에서 신뢰성을 빌어오는 법을 익힐 것이다.

## 감성적으로(Emotional)

사람들의 마음을 움직이는 광고나 프레젠테이션은 기억에 오래 남고 효과적이다.

지루하고 전문적인 프레젠테이션을 하면서도 어떻게 사람들의 감정을 흔들 수 있을까?

그 방법 중 하나가 스토리를 이용해 전달하는 것이다. Chapter 21에서 전형적이고 따분한 비즈니스 프레젠테이션에서도 사람들의 마음을 흔드는 위대한 이야기의 5가지 요소를 다룰 것이다. 또한 스피치에 유머를 더하는 아주 구체적인 방법들도 이야기해볼 것이다.

# 스토리를 담아(Story)

최고의 메시지는 주로 스토리를 이용한다. 스토리는 사람들의 감정을 흔드는 매우 강력한 방법이다. 여기서는 프레젠테이션에서 이야기의 역할을 배우고, 청중이 받아들일 수밖에 없는 프레젠테이션을 만드는 이야기의 마법을 발견하게 될 것이다.

자, 착 달라붙는 프레젠테이션의 요소들을 다시 정리해보자.
- 단순하고 Simple
- 예기치 않게 Unexpected
- 구체적이며 Concrete
- 믿을만하게 Credible
- 감성적으로 Emotional
- 스토리를 담아 Stories

이들 6가지가 당신의 프레젠테이션의 성패를 결정하는 비법들이다. 앞으로 우리는 당신의 성공적인 프레젠테이션을 구성할 뼈대와 전달 방식, 내용을 만드는 100가지 이상의 방법들을 익히게 될 것이다.

◐ 차례

## Part 1

# 단순하게
## Simple

**1 핵심 메시지를 찾는 법 … 21**
문제는 경제야, 바보야

**2 반복 가능한 파워 프레이즈 만들기 … 26**
대조 ◦ 교차 배열 ◦ 각운(脚韻) ◦ 두운(頭韻)

**3 성공적인 PT를 위한 ABC-C 공식 … 33**
A: 주의를 잡아끄는 오프닝(ATTENTION-GRABBING OPENING) ◦
B: 본문(BODY) ◦ C: 마무리(CONCLUSION) ◦ C: 명확한 행동 촉구(CLEAR CALL TO ACTION) ◦
문제/해결 구조 ◦ 시간순 구조 ◦ 단계별 구조 ◦ 특성/이점

**4 주의를 끄는 오프닝 … 41**
으뜸 효과 ◦ 〈다크나이트〉, 〈좋은 친구들〉, 〈트와일라잇〉에서 배우는 교훈 ◦
훌륭한 프레젠테이션을 시작하는 5가지 방법 ◦ '큰 약속'을 포함시켜라 ◦
'고통 진술'을 포함시켜라 ◦ 로드맵을 포함시켜라

**5 프레젠테이션 본문 … 71**
당신의 주장을 기억하게 만드는 10가지 앵커들

**6 강력한 결론 … 86**
최신 효과

Part ◦ 2

## 예기치 않게
## Unexpected

**7 통계를 이용해 주의를 끌어라** ⋯ 97
신뢰도 vs 기억도 ◦ 통계를 청중들과 관련지어라 ◦ 비교와 대조를 이용하라 ◦ 시각화하라

**8 청중에게 새로운 것을 제시하라** ⋯ 105
새로운 것에 대하여 이야기하라 ◦ 낡은 주제를 새로운 시각에서 바라보라 ◦
일반적인 통념에 반대하라 ◦ 학술 연구에서 이야기를 끄집어내라 ◦
흥미로운 사람들을 인터뷰하라 ◦ 자기 자신의 이야기를 이용하라

**9 경탄의 순간을 창조하라** ⋯ 114


Part ◦ 3

## 구체적으로
## Concrete

**10 구체화하라** ⋯ 119

**11 인물에 생명력을 불어넣어라** ⋯ 123

**12 당신의 이야기를 영화로 바꿔라** ⋯ 126

**13 유추, 은유, 직유를 사용하라** ⋯ 129

# Part · 4

## 믿을만하게
## Credible

**14 소개말부터 신뢰감을 형성하라** … 135

적절한 자격을 홍보하라。성공보다 고생을 앞세워라。과거 고객의 추천을 활용하라。
'나에게 어떤 이익이 있는가'라는 질문에 답하라

**15 메시지 간 상호 신뢰성을 구축하라** … 143

# Part · 5

## 감성적으로
## Emotional

**16 청중들과 감정적 관계를 형성하라** … 151

방 안의 코끼리를 언급하라。공통된 목표를 향해 사람들을 단결시켜라。
공통의 적을 부각시켜 사람들을 단결시켜라。문제점과 고통을 부각시켜라。
'우리'라는 관계를 만들어라

**17 강력한 시각 자료를 사용하라** … 157

텍스트보다 강력한 이미지

**18 청중의 호기심을 불러일으켜라** … 162

**19 강연에 유머를 더하라** … 169

기대감을 형성한 후 갑자기 깨버려라。자아비판 유머를 사용하라。과장된 표현을 사용하라

**20 수사적 질문을 사용하라** … 175

청중들이 상상하게 만드는 수사적 질문。청중들이 반추하게 만드는 수사적 질문。
청중들의 생각을 반영하는 수사적 질문。청중들이 비교하게 하는 수사적 질문

Part 6

# 스토리를 담아
## Story

**21 서브웨이는 어떻게 스토리를 이용해 매출을 20% 늘렸나** … 183

**22 위대한 스토리의 5가지 요소** … 186
스토리를 만들기 위한 재료

**23 역동적인 스토리텔링을 위한 전달 기술** … 193
시작하기 전에 잠시 멈춰라 ◦ 미소 지어라 ◦ 눈을 맞춰라 ◦ 말을 끌지 마라 ◦
자연스러운 제스처를 취하라 ◦ 자세로 당신을 표현하라 ◦ 스토리와 표정을 일치시켜라 ◦
말하지 말고 보여주어라 ◦ 청중이 많을수록 활발하게 움직여라 ◦
청중들과 분위기를 맞춰라 ◦ 무대를 십분 활용하라 ◦ 다양한 목소리를 이용하라

**24 TED 강연 최종 준비 8단계** … 204
리허설하라 ◦ 운동하라 ◦ 강연장 주위를 걸어보라 ◦ 무대와 친해져라 ◦ 장비를 테스트하라 ◦
오프닝을 리허설하라 ◦ 음악을 들어라 ◦ 성공을 그려보라

**25 마무리 : 완벽한 TED 강연을 하는 법** … 208
단순하게(Simple) ◦ 예기치 않게(Unexpected) ◦ 구체적으로(Concrete) ◦ 믿을만하게(Credible) ◦
감성적으로(Emotional) ◦ 스토리를 담아(Story)

# Part 1

# 단순하게
## Simple

훌륭한 프레젠테이션일수록 간결하고 이해하기 쉽다. Part 1에서는 내용을 함부로 쳐내지 않으면서 연설을 간결하게 정리하는 법을 배울 것이다.

Part 1이 끝날 때쯤이면 간결하면서도 효과적인 프레젠테이션을 만드는 법을 알게 될 것이다. 앞으로 배워야 할 기법들을 간단히 정리하면 다음과 같다.

- 핵심 메시지(Core Message)를 찾는 법
- 파워 프레이즈(Power Phrase)를 만드는 법
- 파워 프레이즈를 기억하게 하는 수사적 기술
- 프레젠테이션의 간결한 ABC-C 구조
- 연설을 시작할 때 피해야 할 3가지 실수
- 초반에 주의를 끌기 위한 다섯 가지 묘수
- 로드맵을 이용해 연설의 구조를 명확히 만드는 법
- 연설이 기억에 남게끔 하는 10가지 앵커
- 강렬하게 결론짓는 법

TED

# 1

## 핵심 메시지를 찾는 법

TED 비법의 첫 단계는 당신이 열정을 가진 메시지를 찾는 것이다. 이 세상의 다른 사람들과 소통할 수 있는 시간이 겨우 18분 주어진다면, 당신이 나누고픈 단 하나의 메시지는 무엇인가?

내 침실 벽에는 내가 즐겨 외우는 인용구가 붙어있다. 그 문장을 읊조리는 순간 내 안에서 공명하는 무언가를 느낄 수 있다. 1995년 토스트마스터스 인터내셔널(Toastmasters International: 1924년 설립된 비영리단체로 소통 기술과 리더십 개발을 목적으로 한다. www.toastmasters.org 참조-역자주)의 강연 세계 챔피언, 마크 브라운의 말이다.

"세상 어딘가에는 당신 삶의 이야기를 듣고자 하는 사람들이 있습니다. 별 대단치도 않은 이야기라고 지레 움츠릴 필요 없이 단지 진실하기만 하면 됩니다. 청중들이 당신의 경험을 공유하길 바란다면, 당신은 그저 어떻게 그 길을 지나왔는지 그들에게 말하고 당신의 삶과 사랑, 메시지를 세상과 나누기만 하면 됩니다."

나는 비록 당신이 누군지 모르지만 당신에게도 세상과 나누고픈 이야기가 있음을 알 수 있다. 다른 누군가를 도울 수 있는 이야기가 있다면 그걸 나누는 일이 당신의 의무인 것이다.

만약 자신만의 이야기, 자신만의 메시지를 찾아내는 데 어려움을 겪고 있다면 자문해 보라. "다른 사람에게도 도움이 될 만한, 내 인생을 변화시킨 경험이 있었나? 내가 아는 것 중에서 누군가의 삶을 보다 쉽게 만들어줄 수 있는 게 뭐가 있을까? 오늘 내가 세상을 떠난다면 내 자식에게, 또는 내 조카에게 남길 인생에 대한 단 하나의 교훈은 뭘까?"

TED의 연사들은 자신의 메시지에 열정을 가진 사람들이다. 뇌 과학자 질 볼트 테일러 박사는 TED 연단에 올라 그녀의 좌뇌혈관이 파열되었을 때 얻은 교훈을 나눴다(http://bit.ly/14VuyZ3). 스포츠 과학을 전공하다가 대학을 떠나 승려가 된 앤디 퍼디컴은 청중들에게 매일 자신의 현재에 집중하는 10분의 시간을 가져야 한다고 설파했고(http://bit.ly/14BNcv), 성공한 기업과 리더들을 연구하는 일에 일생을 바치고 있는 사이먼 사이넥은 위대한 리더들이 어떻게 타인의 행동을 고취시키는가에 대해 펼친 TED 강연으로 유명세를 탔다(http://bit.ly/12MP5v9).

어떤 주제를 골라도 상관없다. TED 연단에서 다뤄지는 주제들은 '오르가즘에 대해 우리가 몰랐던 10가지', '신발 끈 매는 법', '거짓말쟁이를 구별하는 법' 등 실로 다양하다. 다만 주제는 제각각이더라도 연사들이 공유하는 한 가지가 있다. 그들은 단지 연설을 하는 게 아니라 세상에 자기 자신을 열어 보임으로써 자신들의 통찰과 경험을 나눈다는 점이다.

당신이 열정을 느끼고 당신을 움직이게끔 하는 메시지를 찾아라. 만약 마음 깊은 곳에서부터 진정한 믿음을 줄 수 있는 메시지라면 그 믿음이 불씨가 되어 당신의 프레젠테이션은 화려하게 타오를 것이다. 그 열정이 메시지를 청중들에게 전해줄 것이기에 억지로 미소짓거나 몸짓을 꾸밀 필요도 없다.

당신만의 메시지를 찾는다는 건 자신의 내면을 탐색하는 일이기에 몇 분이 걸릴지 몇 주가 될지 알 수 없다. 하지만 일단 청중과 나누고픈 이야기나 경험을 찾아내게 되면 그 다음 가장 중요한 일은 그것을 하나의 핵심 메시지에 녹여내는 것이다. 아래의 질문에 10단어 이내로 답을 할 수 있어야 한다.

**만약 사람들이 당신의 다른 모든 말을 곧 잊어버린다 해도 그들이 꼭 기억했으면 하는 단 한 가지는 무엇인가?**

예를 들어, 사이먼 사이넥의 TED 강연 '위대한 리더들은 어떻게 행동을 고취시키는가'는 하나의 핵심 메시지, "왜에서 출발하라(Start with Why)"란 문구에 압축되어 있다. 당신의 핵심 메시지를 간결하고 기억에 남는 하나의 문장에 담아낼 수 있는가?

핵심 메시지를 찾는다는 건 마구잡이식으로 줄이는 게 아니라 우선순위를 정하는 일에 가깝다. 청중과 나누고 싶은 아이디어가 넘쳐날 수 있지만 불필요한 부분은 과감히 버려야 한다. 청중이 반드시 알아야 할 가장 중요한 부분이 아니라면 아예 삭제해 버리는 편이 낫다.

핵심 메시지를 완성하게 되면 다음의 효과를 얻을 수 있다.

> 버릴 것과 남길 것이 명확해진다. 아무리 흥미로운 이야기, 통계나 차트라도 그것들이 반드시 핵심 메시지를 설명하는 데 도움이 되어야 한다. 그렇지 않다면 다른 강연을 위해 남겨둬라.

> 청중들이 당신의 프레젠테이션을 기억하고 이해하는 데 도움이 된다. 잡다한 사항들을 쳐낸 덕분에 청중들은 간결하고 명확한 연설에 보다 집중할 수 있다. 연설이 끝나면 그들은 핵심 메시지를 기억할 것이다. 그렇게 임팩트가 만들어진다.

핵심 찾기의 한 예로 빌 클린턴 전 미국 대통령의 1992년 대선 캠페인에서의 일화를 살펴보기로 하자.

### 문제는 경제야, 바보야

대선 캠페인은 수백 가지 정치적 이슈들이 난무하는 전쟁터다. 예산과 지출, 시민권, 약물 정책, 에너지 정책, 외교 정책, 보건 정책, 이민, 고용과 실업, 국가 안보, 사회 안전, 조세 정책 등등. 이 리스트는 끝도 없이 이어진다.

다뤄야 할 이슈들이 이렇게 많은데 대선 캠프가 단 하나의 핵심 메시지를 찾는다는 게 가능하기나 한 일일까?

1992년 미국 대선 당시 빌 클린턴 캠프의 슬로건이 바로 이에 대한 답이 될 것이다. 그들이 내놓은 문장은 이랬다. "문제는 경제야, 바보야!(It's the economy, stupid!)" 클린턴의 핵심 메시지는 경제를 원상 복구할 수 있는 인물은 오직 자신밖에 없다는 의미였다. 클린턴 캠프는 그 모든 중요한 이슈들 중에서도 가장 중요한 것은 바로 경제 촉진이었음을 간파한 것이다. 그들이 이 핵심 메시지 – "문제는 경제야, 바보야" – 를 띄우는 데 모든 노력을 집중한 이유는 바로 그것이 미국 유권자들의 마음에 자리 잡은 가장 중요한 이슈였기 때문이었다.

그 광범위한 빌 클린턴의 캠페인이 하나의 핵심 메시지로 압축될 수 있었는데 당신의 프레젠테이션이 그렇게 되지 못할 이유는 없다.

**TED 요약**

- 핵심 메시지를 찾는 일은 우선순위를 정하는 일과 같다. 청중들이 연설 내용 전부를 잊어버린다 해도 그들이 기억하기 바라는 단 하나는 무엇인가?
- 핵심 메시지를 20단어 이내로 종이 한 귀퉁이에 적어보라.
- 핵심 메시지는 더할 것과 버릴 것을 결정하는 데 도움을 줄 것이다. 핵심 메시지와 직접적인 관련이 없는 것들은 가차 없이 쳐내라. 그래야 청중들이 기억하고 당신에게 감사할 수 있는 집중력 있는 스피치를 완성할 수 있다.

TED
2

# 반복 가능한
# 파워 프레이즈 만들기

프레젠테이션이 끝날 즈음 청중들은 들은 내용의 20% 정도를 잊어버린다. 그 다음날이면 메시지 중 50% 정도를 잊어버리고 4일 후엔 80%가 사라진다. 참 기운 빠지는 말이 아닐 수 없다.

그럼 어떻게 당신의 프레젠테이션이 기억에 남게 할 수 있을까?
핵심 메시지를 머릿속에 착 달라붙게 하는 법은 뭘까?
어떻게 하면 메시지를 한 귀로 듣고 흘려버리지 않게 할 수 있을까?

메시지를 기억나게끔 하는 가장 좋은 방법은 당신의 핵심 메시지를 프레젠테이션 내내 여러 번 반복할 수 있는, 기억하기 쉬운 문구에 담는 것이다. 이를 핵심 문구, 즉 파워 프레이즈(Power Phrase)라 부른다.

좋은 예로 마틴 루터 킹 목사의 유명한 연설 "나에게는 꿈이 있습니다(I Have a Dream)"를 떠올려 보자.

그의 파워 프레이즈는 바로 "나에게는 꿈이 있습니다"란 문장이었다. 이 문구는 세월이라는 시험을 견뎌냈다.

파워 프레이즈를 정할 때 가장 유의해야 할 부분은 바로 10단어 이하여야 한다는 것이다. 조금만 더 길어도 기억하기 부담스러울 수 있다.

파워 프레이즈를 기억하기 쉽도록 만드는 수사적 표현 기법을 몇 가지 살펴보도록 하자.

### 대조

대조법을 써서 당신의 프레이즈를 기억에 남게 해보라. 반대되는 개념을 짝지어 기억하기 쉽게 하는 방법이다. 다음의 예를 보라.

"우리를 가장 무섭게 하는 것은, **어둠**이 아니라 **빛**이다."
"It is our **light**, not our **darkness** that most frightens us."
– 매리앤 윌리엄슨

"기대가 **낮으면 성장**도 없다."
"No one **rises** to **low** expectations."
– 존 레슬리 브라운

"당신이 무리에 **넣을** 수 있는 사람은 누구이고 **빼야** 할 사람은 누구인가?"

"Who can you count **in** and who should you count **out**?"

— 존 레슬리 브라운


"그릇된 일들을 하거나 사람들을 **달콤한 당근**으로 유혹하거나 **날카로운 창**으로 위협한다고 문제가 해결되지 않는다. 우리에겐 완전히 새로운 접근법이 필요하다."

"The solution is not to do more of the wrong things, to entice people with a **sweeter carrot**, or threaten them with a **sharper stick**. We need a whole new approach."

— 대니얼 핑크


"사람들은 당신이 하는 일을 사는 게 아니라, 당신이 그 일을 하는 이유에 돈을 낸다."

"People **don't buy** what you do, **they buy** why you do it."

— 사이먼 사이넥


## 교차 배열

교차 배열이란 쌍을 이룬 두 문구 중 뒤에서 어순을 바꾸는 수사적 기법이다.

"**국가**가 **당신**을 위해 무엇을 할 수 있는지 묻지 말고, **당신**이 **국가**를 위해 무엇을 할 수 있는지 물어라."

"Ask not what **your country** can do for **you** – ask what **you** can do for **your country**."

— 존 F. 케네디

"상황이 어려워질수록 강인한 사람들은 힘을 낸다."

"When the **going** gets **tough**, the **tough** gets **going**."

"우리가 **무장**해서 서로를 **믿지 못하**는 게 아니라, 서로를 **믿지 못하**기 때문에 **무장**한 것이다."

"We don't **mistrust each other** because we're **armed**; we're **armed** because we **mistrust each other**."

— 로널드 레이건

"세계인들은 항상 우리가 힘을 쓰는 예시가 아니라 본보기를 보이는 힘에 보다 감명을 받아왔다."

"People the world over have always been more impressed by the **power** of our **example** than by the **example** of our **power**."

— 빌 클린턴

### 각운(脚韻)

설득에 대한 명저『설득의 심리학 2: Yes를 끌어내는 설득의 50가지 비밀』(21세기북스, 2008)에서 로버트 치알디니 박사는 "각운은 당신의 영향력을 한층 올려줄 수 있다"고 말했다. 각운을 맞춘 말이 그렇지 않은 경우보다 사람들에게 더욱 진실되게 들린다는 점은 이미 증명된 바다. 뿐만 아니라 기억하기도 더 쉽다. 각운을 활용한 다음의 파워 프레이즈를 살펴보자.

"신뢰는 필수다."
"Tru_st_ is a mu_st_."
– 라이언 에이버리(2012년 토스트마스터즈 세계 챔피언)

"사람의 마음이 인식하고 믿을 수 있는 것이라면, 그건 성취할 수 있는 것이다."
"What the mind of man concei**ve** and belie**ve**, it can achie**ve**"
– 나폴레온 힐

### 두운(頭韻)

두운은 맨 앞의 자음을 반복해 리듬을 만드는 기법이다. 다음의 파워 프레이즈들은 두운을 잘 활용한 예들이다.

"제게는 제 네 명의 자식들이 그들의 피부색이 아니라 그들의 인격으로 평가받는 나라에서 살게 될 날이 오리라는 꿈이 있습니다."

"I have a dream that my four little children will one day live in a nation where they will not be judged by the color of their skin, but by the content of their character."

– 마틴 루터 킹

"상상할 수 있다면, 해낼 수 있다."

"If you can dream it, you can do it."

– 월트 디즈니(Walt Disney)

"그릇된 일들을 하거나 사람들을 달콤한 당근으로 유혹하거나 날카로운 창으로 위협한다고 문제가 해결되지 않는다. 우리에겐 완전히 새로운 접근법이 필요하다."

"The solution is not to do more of the wrong things, to entice people with a sweeter carrot, or threaten them with a sharper stick. We need a whole new approach."

– 대니얼 핑크

"사람들은 당신이 하는 일을 사는 게 아니라, 당신이 그 일을 하는 이유에 돈을 낸다."

"People don't buy **w**hat you do, they buy **w**hy you do it."

- 사이먼 사이넥

**요약**

◐ 당신의 핵심 메시지를 짧고 반복 가능한 파워 프레이즈로 표현하라.

◐ 다음의 수사적 기술들을 조합해 당신의 파워 프레이즈가 기억에 남게하라.
- 대조
- 교차배열
- 각운
- 두운

TED 3

# 성공적인 PT를 위한 ABC-C 공식

SUCCESS 공식에 따르면 프레젠테이션은 단순하고 이해하기 쉬워야 한다. 이를 위해서는 명확한 구조가 있어야 한다.

최고의 프레젠테이션은 ABC-C 구조를 따른다.

이 ABC-C란 무엇인가?

### A: 주의를 잡아끄는 오프닝(ATTENTION-GRABBING OPENING)

연설의 시작은 주의를 확 잡아끌 수 있어야 한다. 첫 30초 동안 청중의 관심을 모으지 못한다면 프레젠테이션은 공염불에 그칠 것이다.

미안한 말이지만 요즈음 대부분의 프레젠테이션은 너무 지루하고 뻔한 시작으로 듣는 이들을 지치게 한다.

> "안녕하세요, 내 이름은 김갑돌입니다. 이렇게 중요한 순간에 여기에 서게 되다니 참 기쁘군요. 자, 시작하기 전에 제가 속한 곳을 여러분께 소개해 볼까 합니다. 우리 회사는 1959년 박을순 씨가 창업하였고, 이를 이어받아 …"

이런 오프닝에 하품이 나올 뻔한 적이 있는가?

혹시 이런 오프닝으로 청중들을 지루하게 만든 것은 아닌가?

이 챕터에서는 지루한 오프닝을 피하는 법과 청중들의 관심을 단박에 잡아챌 오프닝을 구성하는 5가지 방법에 대해 다룰 것이다. 또한 오프닝에서 대부분의 연사들이 저지르는 실수를 뛰어넘을 수 있는 법도 알아보도록 하자.

### B: 본문(BODY)

프레젠테이션의 다음 순서는 본문이다.

여기에 당신의 주된 주장과 논점이 담긴다. 앞으로 당신은 스피치를 강력하고 설득력 있게 만드는 구체적인 방법을 만나게 될 것이다.

## C: 마무리(CONCLUSION)

무릇 연설은 마무리가 명확해야 한다.

안타깝게도 나는 "여기까지가 제 프레젠테이션의 끝입니다."라는 형편없는 문장으로 성급히 연설을 마무리하는 연사들을 너무 많이 봐왔다. 이제 당신은 청중들에게 긍정적인 마지막 인상을 남기고 연설을 마무리 짓는 방법을 익히게 될 것이다.

## C: 명확한 행동 촉구(CLEAR CALL TO ACTION)

모든 스피치와 프레젠테이션은 어떤 행동을 하도록 촉구한다.

당신의 연설을 들은 청중들이 프레젠테이션 이후에 어떻게 행동하기를 당신이 원하는지 명확히 밝혀야 한다는 말이다. 앞으로 당신은 청중들이 프레젠테이션을 듣고 취하게 될 '다음 행동'을 분명히 해두는 것의 중요성을 배우게 될 것이다.

모든 프레젠테이션에는 오프닝, 본문, 마무리와 행동 촉구가 명확해야 한다. 이외에 사용할 수 있는 구성으로 '문제/해결', '시간순', '단계별' 그리고 '특성/이점' 구조가 있는데, 이때도 역시 모두 오프닝, 본문, 마무리와 행동 촉구가 필요하다.

### 문제/해결 구조

문제/해결 구조는 강력한 효과를 준다. 문제를 부각시켜 주의를 끌면서 연설을 시작한다. 그 다음 연설의 본문에서 그 문제의 심각성을 밝히고 해결되지 않으면 어떤 결과를 가져올지 설명하는 것이다.

그 고통의 크기를 잘 설명해서 청중들이 해결책을 갈구하는 순간이 되면 답을 내놓는다. 그 해결책이 고통을 얼마나 감소시킬 수 있을지에 대해 설명하는 것이다.

결론부에서 그 문제와 문제가 해결되지 않았을 때의 심각성에 대해 다시 한 번 진술하라. 듣는 이들에게 당신이 제시한 해결책의 장점을 되새기고 그 방법을 따르도록 촉구하면서 연설을 끝맺는다.

켄 로빈슨은 자신의 매력적인 TED 연설에서 이 문제/해결 구조를 적용한다(http://bit.ly/12MPEFx). 그의 연설은 대부분 현재의 교육 시스템이 안고 있는 문제들을 지적하고 있다. 다음은 그가 한 연설의 전반부이다.

> "...우리가 파악하지 못하는 미래로 우리를 이끌어 갈 것은 다름 아닌 교육입니다. 한번 생각해 봅시다. 이제 갓 학교에 입학한 아이들은 2065년이 되어서야 정년을 맞을 겁니다. 지난 4일간 온갖 전문 지식들을 선보였지만 정작 앞으로 5년 뒤 세계가 어떤 모습일지는 아무도 모릅니다. 하지만 바로 그 미래를 위해 우리는 아이들을 교육시키고 있는 겁니다."

켄은 문제점을 소상히 설명하고 난 뒤에야 그 해결책을 보여준다. 당신의 스피치와 프레젠테이션에서도 먼저 문제의 고통스러움을 충분히 제시한 이후에 답안을 내놓아야 한다. 당장 치료법이 필요할 정도로 고통이 사무치지 않는 이상 사람들은 해결책을 중요하게 생각하지 않으니까.

### 시간순 구조

시간순 스피치 구조는 매우 간단하다. 가장 오래된 것부터 시간 순서대로 사건을 정렬하고 설명한다. 시간에 따라 마케팅이 어떻게 변화해 왔는지에 대한 프레젠테이션을 한다면, 20년 전에 마케팅이 어떤 모습이었는지에 대한 이야기부터 출발하게 될 것이다. 그런 다음 현재의 마케팅 행태에 대해 말하면 된다. 매우 단순하고 이해도 쉬운 스피치 구조라 할 수 있다.

### 단계별 구조

시간순 구조와 매우 밀접한 관계를 맺고 있는 것이 단계별 구조이다. 이 스피치 구조에서는 하나의 사건에 단계별로 접근하게 된다. 예를 들어 가정 폭력에 대한 TED 강연에서 레슬리 모건 스타이너는 청중들에게 가정 폭력의 단계에 대해 다음과 같이 설명한다(http://bit.ly/YxLf3q).

> "저는 가정 폭력의 첫 단계가 희생자를 유혹하고 홀리는 것이라는 점을 몰랐습니다... 또한 두 번째 단계가 희생자를 고립시키는 것이라는 점도 알지 못했습니다... 가정 폭력 패턴의 다음 단계는 폭력을 위협의 수단으로 삼으면서 희생자의 반응을 지켜보는 겁니다..."

레슬리는 그녀의 단계들을 분명히 구분 짓기 위해 숫자를 매기고 있다('첫 번째 단계', '두 번째 단계'). 이는 시퀀스를 매우 명확하게 해준다. 각 단계를 소개한 후 레슬리는 그녀 자신의 이야기(전남편이 그녀를 꾀어서 고립시킨 후 폭력으로 위협하며 그녀의 반응을 살펴보았다는)를 통해 각각의 단계에 대해 설명한다. 그 결과 매우 강력하고 감동적인 스피치가 탄생했다.

만약 당신의 스피치에 여러 포인트가 존재한다면 그 흐름을 논리적으로 만들기 위해 번호를 붙이는 것도 좋다.

### 특성/이점

만약 당신의 프레젠테이션이 어떤 제품이나 서비스에 대한 것이라면 이 구조가 아주 적절할 것이다. 스티브 잡스는 이 구조를 즐겨 사용했다. 대부분의 발표자들이 오직 제품의 특성에만 초점을 맞추지만 스티브 잡스는 장점을 팔 줄 알았다. 그는 제품의 어떤 특성으로 인해 청중이 얻을 이득을 아주 분명하게 제시했다. 예를 들어 아이튠스(iTunes)의 영화 대여 서비스를 소개할 때 그는 대여의 장점에 대해 다음과 같이 분명히 설명했다.

> "사람들이 음악을 소유하고 싶어 하기 때문에 우리는 음악 분야에서 대여 모델을 내놓지는 않을 겁니다. 좋아하는 노래는 평생 수천 번이고 듣겠지요. 하지만 영화는 딱 한 번, 많아야 고작 몇 번 보는 게 전부입니다. 그래서 대여 서비스가 영화 분야에는 적합하다는 겁니다. 비싸지도 않고 하드 드라이브의 용량이 모자랄 일도 없습니다..."

내가 코칭하고 있는 한 고객이 내게 물어본 적이 있다. "제품의 특성을 그냥 제시하면 고객이 그 이점까지 파악할 순 없을까요? 저는 청중들을 바보처럼 대하고 싶진 않거든요!"

좋은 질문이다. 물론 청중들은 바보가 아니다. 하지만 그들이 이점에 대해 너무 고민하게 만들어서는 안된다. 그들이 항상 특성과 이점을 잘 연결할 수 있는 건 아니다. 그 연결점이 그리 명확하지 않을 수도 있고 그들이 게으른 탓에 찾지 못할 수도 있다.

프레젠테이션이 끝난 다음엔 청중들이 그 특성들을 상당 부분 잊어버릴 가능성이 높다. 당신이 그저 나열하는 데 그친다면, 그들은 당신이 말한 걸 대부분 잊어버릴 것이다. 하지만 장점은 기억에 남을 것이다. 그러니 각각의 특성이 가진 이점들을 분명히 진술하라. 사람들이 제품과 서비스를 구입하는 이유는 특성 때문이 아니라 그로 인한 이점 때문이다. 당신은 마땅히 그 장점들을 포장하는 데 상당한 시간을 할애해야 할 것이다.

이번 챕터에서 다룬 구조들 중 하나를 선택하거나 자신의 목적에 어울리는 다른 구조를 찾을 수도 있을 것이다. 하지만 어떤 구조를 고르든 간에 주의를 사로잡는 오프닝, 명확한 본문과 강력한 결론, 그리고 청중들을 이끌고 갈 목적이 분명해야 한다는 점만은 잊지 말자.

---

**TED 요약**

- 좋은 프레젠테이션에는 따라가기 쉬운 단순한 구조가 있어야 한다.
- 당신이 사용할 수 있는 구조는 아래와 같다.
    - 문제/해결 구조
    - 시간순 구조
    - 단계별 구조
    - 특성/이점 구조
- 어떤 구조를 사용하든지 간에 모든 프레젠테이션에는 주의를 사로잡는 오프닝, 본문, 결론, 그리고 행동 촉구가 포함되어야 한다.

TED

# 4

## 주의를 끄는
## 오프닝

오프닝은 스피치나 프레젠테이션에서 가장 중요한 두 부분 중 하나인 만큼(다른 하나는 마무리 짓기), 오프닝 작성에 심혈을 기울여야 할 것이다.

**으뜸 효과**

"기억해야 하는 아이템들의 리스트가 주어지면, 우리는 가운데 있는 것들보다 처음 몇 가지를 우선 기억하려는 경향이 있다."

- ChangingMinds.org

사람은 가장 먼저 등장하는 것을 우선 기억하려는 습성이 있기 때문에 스피치의 오프닝은 프레젠테이션에서 가장 중요한 부분이다.

스피치의 시작이 중요한 이유는 또 있다.

- 청중들과의 관계를 형성하는 시간이 된다.
- 청중들이 당신의 스피치에 호감을 가질지 반감을 가질지를 결정하는, 첫인상을 만드는 시간이다.
- 이후 스피치의 분위기를 결정한다.
- 첫 30초 내에 청중들의 관심을 붙잡으면 프레젠테이션 내내 집중할 것이다.

## 〈다크나이트〉, 〈좋은 친구들〉, 〈트와일라잇〉에서 배우는 교훈

근래 본 훌륭한 영화들을 생각해 보자. 대부분의 영화는 격투, 자동차 추격전, 폭발이나 은행 강도 신의 한 장면을 꽝 터뜨리면서 시작한다. 그 결과 관객은 순식간에 빨려들어가 관심을 갖고 지켜보게 된다. 〈다크 나이트〉가 이렇게 은행을 터는 장면으로 시작한다.

드라마틱하진 않지만 예기치 않은 쇼킹한 대사로 당신을 잡아끄는 영화들도 있다. 〈좋은 친구들〉을 여는 대사를 떠올려보자: "내가 기억하는 한, 나는 항상 갱스터가 되길 원했다."

성공한 각본가, 영화 제작자와 스피치 라이터들은 관객을 이야기의 한가운데로 던져놓는 일이 성공의 열쇠임을 잘 안다. 소설가들도 책의 첫 몇 문장이 가장 중요하다는 걸 안다. 시작과 동시에 독자의 관심을 얼마나 잘 끌어올 수 있느냐에 따라 그들이 정신적으로 공명할 수 있는지 여부가 결정되는 것이다.

다음은 베스트셀러 소설 『트와일라잇』의 첫 소절이다.

> "나는 내가 어떻게 죽을지 별로 생각해본 적이 없다. 지난 몇 달간은 그래야 할 충분한 이유가 없었지만, 그랬다 해도 이런 식일 거라곤 상상조차 하지 않았을 거다."

이 충격적인 문장은 독자를 궁금하게 만들 것이다. "와우! 무슨 일이지? 이 여자가 왜 죽어가는 거지? 어떻게 죽게 된 거지?"

연설, 영화, 책, 무엇이든 처음 몇 줄의 목적은 청중을 즉시 사로잡는 것, 처음부터 그들의 관심을 끌어오는 것이다.

당신이 본 연설이나 프레젠테이션 중에서 처음 몇 마디로 당신의 관심을 사로잡는 데 성공한 것이 몇 번이나 되는지 기억하는가?

"어라, 이것 참 재미있는데?" 하고 당신이 생각하게끔 연설을 시작한 연사가 몇이나 되는가?

자, 이제 청중들을 당신의 연설에 끌어들일 강력한 오프닝을 얼마나 잘 만들 수 있는지 한번 생각해보자. 만약 개선의 여지가 있다고 느낀다면, 이 챕터가 바로 당신을 위한 훈련장이다. 청중들의 관심을 이끌고 처음부터 주의를 잡는 데 쓰일 도구를 골라보자.

하지만 우선 반드시 피해야 할 3가지 오프닝 실수부터 파악하고 넘어가기로 하자.

### 실수 1: 지루한 '자기중심적' 오프닝

안타깝지만, 지루한 '자기중심적' 오프닝으로 청중들에게 졸음을 강요하는 연사들이 너무 많다.

이렇게 프레젠테이션을 시작하는 사람을 본 적이 있는가?

> "안녕하세요. 저를 이 자리에 불러 주셔서 매우 감사합니다. 저는 ABC이고 XYZ 회사에서 일합니다. 우리 회사는 150년의 역사를 갖고 있습니다. 우리는 틀에 박히지 않고 고객 중심적인 전략으로 고객의 장점을 극대화하고 고객이 새로운 시장에서 조직적 성장을 이룰 수 있도록 독려하는 데 집중하고 있습니다."

당신 회사의 역사, 미션과 핵심가치를 들으며 즐거워할 청중이 몇이나 될까? 별로 많진 않을 것이다.

훌륭한 프레젠테이션의 핵심은 화자가 아니라 청자 위주의 프레젠테이션이 되어야 한다는 것이다! 프레젠테이션은 말하는 사람이 아니라 듣는 사람 위주로 구성되어야 하는 것이다.

그러므로 오프닝은 반드시 '여러분-중심'이어야 한다. 청중들을 위해 당신이 해결해 줄 수 있는 문제가 무엇인지, 당신이 그들에게 줄 수 있는 혜택이 무엇인지 명확히 알려라!

**실수 2: 마음에도 없는 감사를 표하는 오프닝**

내 동료 스피치 강사는 세미나를 이런 식으로 시작한다. 일단 강의실로 걸어 들어가면서 이렇게 이야기하는 것이다.

"안녕하세요. 오늘 이렇게 저를 불러주셔서 영광입니다. 여러분과 함께 하게 되어 기쁘고, 이 워크숍을 열어 저를 초대해주신 X씨께 감사드립니다."

그 다음에 청중을 쳐다보며 이렇게 말한다.

"좋아요. 여러분들 중 제가 바로 이렇게, 토씨 하나까지 그대로 말하리라고 생각한 사람 있나요? 어디 손들어 보세요."

사람들은 웃기 시작하고 결국 방 안의 모든 사람들이 손을 든다.

여기서의 포인트는 간단하다. 거의 모든 사람들이 스피치나 프레젠테이션을 "감사합니다."로 시작한다는 사실이다. 토씨 하나 바꾸지 않고.

만약 당신 역시 그런 연사들 중 하나라면 차별화된 프레젠테이션을 할 수 있는 절호의 기회를 놓치고 있는 것이다. 멋진 첫인상을 남길 기회를 발로 걷어차고 있다는 말이다!

설상가상으로, 청중들 중 상당수가 그들이 지금까지 봐온 대부분의 다른 강연자들과 마찬가지로 당신도 '재미없고 별 볼 일 없는 사람'이라고 무의식중에 낙인찍고 프레젠테이션에 집중하지 않을 수 있다. 이런 상황에서 이들의 마음을 다시 붙잡는 작업은 상당히 어려울 것이고 당신은 결국 당신의 말에 귀를 기울이지 않는 낯선 이들로 가득찬 방에 남겨지게 될 뿐이다.

이제 곧 살펴보겠지만 청중들의 주의와 상상력을 바로 붙잡는 데 사용할 수 있는 기술들이 몇 가지 있다. 하지만 그 기술들을 사용하기 전에 내 스피킹 워크숍에서 많은 사람들이 제기하는 반론을 먼저 짚고 넘어가기로 하자. "왜 시작할 때 사람들에게 감사의 인사를 하면 안 된다는 겁니까? 그건 당연한 매너가 아닌가요?"

많은 연사들이 "이 자리에 서게 해 주셔서 감사합니다."로 시작하는 오프닝의 위험을 알면서도 사용하는 이유는 청중에게 감사의 말을 던지는 것이 프레젠테이션을 시작할 때 반드시 해야 하는 일이라는 그릇된 생각을 갖고 있기 때문이다.

주최자나 청중들에 대한 감사 인사를 하는 것이 잘못이라는 건 절대 아니다. 하지만 반드시 시작부터 그 말을 해야 할 필요는 없다는 뜻이다. 사실, 틀에 박힌 "감사합니다."로 시작하면 청중의 관심을 잃을 뿐 아니라 그 감사가 진실하지 않다고 오해받을 여지마저 있다. 대부분의 강연자들이 시작하자마자 "감사합니다."를 내뱉는 바람에 당신의 감사 인사는 아무런 감흥 없이, 진실한 감사의 표현보다는 그저 형식상 던지는 의례 정도로 받아들여질 것이다.

그럼 청중들에게 감사의 뜻을 표할 최적의 순간은 언제일까?

주최자나 청중에게 감사를 표하기에 앞서 청중들과 어느 정도 교감을 이뤄야 한다.

내 동료는 리더십 트레이닝 세미나에서 스피치 중간쯤에 감사 인사를 했다. "자 그런데, 리더십에 대해 이야기하자면, 우리 모두는 이 회사를 이끄는 짐(회사 대표)이 정말 환상적인 능력을 가졌음을 인정하고 있습니다!" 이 돌발 멘트는 일상적인 '감사' 오프닝보다 훨씬 진실하고 정직하게 들린다.

내가 본 어떤 코미디언은 (오프닝에서 우리를 한참 웃기고) 본론으로 들어가서 몇 분 후에 감사의 말을 건넸다. "자, 여러분들은 정말 훌륭한 관객들이시고 제가 오늘 이 자리에 서게 된 건 정말 영광입니다! 저, 지난주에 그 자리에 앉아계셨던 관객들은…" 하면서 그는 또 다른 농담을 이어 던졌다.

여기서의 핵심은 당신이 틀에 박힌 '감사' 오프닝을 피해야 하는 이유가 다른 대부분의 강사들과 자신을 차별화하는 중요한 기회를 놓칠 수 있기 때문이라는 점이다. 뿐만 아니라, 청중들도 당신에게 관심을 끊을 것이며(당신이 무슨 말을 할지 이미 안다면 대체 그들이 당신에게 귀 기울일 이유가 뭐란 말인가?), 당신의 감사 인사도 진실하지 않은 것으로 비춰질 수 있다. 그보다는 뒤에서 살펴볼 5가지 오프닝 전략 중 하나를 써서 청중들과 유대감을 이룬 다음 감사 인사를 하라.

> **Tip** 물론 반드시 주최자에 대한 감사 인사로 시작해야만 하는 상황이 있을 수 있다. 그럴 경우엔 짧고 간단히 감사를 표하는 것으로 족하고, 그 다음 바로 질문이나 이야기를 이어가도록 하라.

### 실수 3: 농담으로 여는 오프닝

"프레젠테이션을 농담으로 시작해도 될까요?"

아, 흥미로운 질문이다! 유머는 청중과의 유대감을 형성하는 훌륭한 방법이다. 유머러스한 연사는 청중에게 호감을 이끌어 내고 유머가 없는 쪽보다 훨씬 친근한 느낌을 준다.

하지만 개인적으로는 농담으로 여는 오프닝을 피하라고 조언하고 싶은데, 그 이유는 다음과 같다.

> **유머집에 나오는 농담으로는 누구도 감동시키지 못한다:** 유머집이나 인터넷에서 읽은 농담을 써먹는다면, 청중들이 이미 전에 들어봤을 위험이 있다. 그러면 당신에게는 베끼기나 하는 강사란 오명이 뒤따를 것이고 청중들은 남은 강연 내내 당신의 정통성을 의심하게 될 것이다.

> **농담은 당신의 핵심 메시지를 흐려 버릴 수 있다:** 일부 연사들이 그들이 원래 주력하고자 했던 핵심 주제와 동떨어진 농담으로 시작하는 걸 볼 수 있다. 그저 웃기려는 욕심에서 주제와 상관없는 농담을 넣어서 원래의 궤도에서 벗어나 버리는 것이다. 당신이 의도한 지점과 직접적으로 관련된 농담을 찾기는 매우 어렵다. 프레젠테이션과 아무 상관없는 농담으로 시작하는 일만은 절대로 하지 마라!

> **대부분의 사람들은 본인이 생각하는 것만큼 농담을 잘하지 못한다:** 농담은 적절한 타이밍과 그럴듯한 표현이 정말 중요한데 대부분의

연사들은 이 둘에 약한 경우가 많다. 결국 분위기를 망치는 농담으로 방 안에 불편한 정적을 흐르게 만든다. 만약 이런 농담에 한번 된통 당한 다음엔 강연 내내 당신의 신뢰도는 땅에 떨어져 회복이 어려울 것이다.

하지만 당신이 만약 유머가 넘치는 강연자라면 재미난(또 당신의 메시지와 관련된) 이야기로 오프닝을 열고 싶을 것이다. 재미있는 이야기가 먹히려면 청중들이 전에 들어본 적 없는 개인적인 이야기여야 한다. 더불어 농담을 할 때 웃겨야 한다는 강박이 없어야 한다. 무엇보다 중요한 것은 청중의 주의를 끄는 데 도움이 되는, 정말 재미있는 이야기여야 할 것이다.

### 훌륭한 프레젠테이션을 시작하는 5가지 방법

200개 이상의 TED 강연을 연구한 끝에 나는 청중의 관심을 사로잡는 5가지의 오프닝 방법을 발견해냈다.

**1. 이야기로 시작하라**

최고의 연사들은 스토리텔링의 마스터들이다. 그들은 메시지를 강화하는 수단으로 강력한 이야기, 감동적인 이야기를 사용한다. 잘 다듬어진 스토리는 언제나 기억에 남기 마련이다.

이야기는 당신의 스피치를 여는 뛰어난 방법일 뿐만 아니라 마무리 짓는데도 훌륭한 기능을 한다. 전국 강연자 연합(National Speakers

Association)의 초대 회장 빌 그로브에 따르면 대중 강연의 핵심은 "이야기를 말하고 포인트를 짚는 것"이다.

수전 케인은 내성적인 사람들의 힘에 대한 TED 강연에서, 자신의 개인적인 이야기를 끄집어내어 즉각적으로 청중들을 휘어잡았다 (http://bit.ly/10gmj3t).

> "제가 아홉 살 때 처음으로 여름 캠프에 갔었죠. 그리고 어머니는 책들이 잔뜩 들어있는 옷가방을 따로 싸주셨는데 그건 너무도 자연스러운 일이었어요. 왜냐하면 우리 가족에게 독서란 최상의 그룹 활동이었으니까요. 남들이 보기에는 반사교적으로 보일지 몰라도 우리에겐 사교적이 되는 또 다른 방법이었지요. 가족들 주변에 둘러 앉아 온기를 느끼면서도 마음속으로는 모험을 떠날 수도 있으니까요. 그래서 저는 캠프가 그런 모습일거라 생각했지만..."

자, 이제 그녀의 캠핑에서 어떤 일이 벌어졌을지 궁금하지 않은가? 이야기가 최상의 오프닝 전략인 이유는 다음과 같다.

▶ **스토리는 사람들을 묶어놓는다:** 누구나 좋은 스토리를 좋아하기 때문에 이야기로 시작하면 청중들의 관심을 묶어둘 수 있다. 당신이 이야기를 시작하는 순간 사람들은 자기도 모르게 집중하게 된다.

▶ **스토리는 청자와 화자 간의 관계를 창조한다:** 개인적인 이야기는

청자의 마음속에 감정을 불러일으킨다. 우리의 뇌는 '실제' 사건과 가상의 사건을 구분하지 못한다는 연구결과가 있다. 그러므로 당신의 이야기를 들으면 청중들은 상상하게 되고 당신이 기술한 것과 똑같은 감정을 느끼게 된다. 청중들은 단지 이야기를 듣는 데서 그치는 게 아니라 '경험'함으로써 당신의 이야기를 잊지 않는다.

▶ **이야기는 기억에 남는다:** 우리는 이야기를 통해 배운다. 사람은 이야기를 통해 세계를 지각하게 된다는 과학적 연구결과들이 있다. 사람들은 자신들의 삶을 이야기를 통해 시작, 중간과 끝을 인지하게 되고, 새로운 경험의 순간을 그들의 삶에서 '새로운 장'으로 간주한다. 이런 본능 덕분에 우리는 통계와 차트를 잊어버려도 훌륭한 이야기만은 항상 기억하게 된다.

효과적인 커뮤니케이션에서 이야기가 이토록 중요한 역할을 하는 만큼 뒷부분에서 위대한 스토리텔링의 필수요소에 대해 알아보기로 하자. 그 비밀들은 당신이 청중과 친구들을 즐겁게 해 줄 수 있는 뛰어난 스토리텔러이자 강연자가 되도록 도와줄 것이다.

### 2. 질문을 이용해 지식 격차를 생성하라

질문으로 시작하는 것은 지식 격차(청자가 아는 것과 모르는 것 사이의 격차)를 만든다. 사람들에겐 이 지식 격차를 메우려는 욕망이 있기 때문에 호기심이 생긴다.

예를 들어 "열심히 그리고 오래 일해 왔지만 아직 꿈에 다가서지 못한 사람들에게, 실패한 가장 중요한 이유는 무엇일까요?"와 같은 질문을 던지면 청중들은 자신들의 답을 찾느라 생각하고 골몰할 것이다. 방금 그들을 낚은 것이다!

사이먼 사이넥은 자신의 TED 강연을 다음과 같은 강력한 질문들을 연속해서 던지면서 시작한다(http://bit.ly/12MP5v9).

"일이 생각대로 흘러가지 않는 것을 당신은 어떻게 설명합니까? 반대로 모든 어려움을 이기고 성공하는 사람들을 볼 때 어떻게 설명합니까? 예를 들어 봅시다. 왜 애플이 그렇게 혁신적일까요? 그들은 작년에도, 올해도, 해를 거듭해가며 항상 경쟁자들보다 더 혁신적이었습니다. 하지만 그들은 단지 컴퓨터 회사일 뿐입니다. 다른 모든 회사들처럼 말입니다. 그들에게는 같은 재능을 가진 사람들, 같은 중개인, 같은 컨설턴트, 같은 언론 담당자들이 있습니다. 그런데 왜 이렇게 달라 보이는 걸까요? 마틴 루터 킹 목사가 시민 인권운동을 이끌었던 건 왜일까요? 미국의 반인권적 행태에 고통 받았던 사람이 킹 목사만은 아니었는데 말입니다. 그가 당시의 유일한 웅변가가 아니었다는 점도 자명합니다. 그런데 왜 그일까요? 그리고 라이트 형제가 그들보다 더 뛰어나고 지원도 더 많이 받은 팀을 제치고 최초로 유인 비행에 성공할 수 있었던 이유는 무엇일까요? 여기서 뭔가 다른 점이 있다는 겁니다."

질문을 던질 때 주의해야 할 가장 중요한 점은 질문을 한 후 잠시 멈춰서 청중들이 당신의 질문에 대하여 생각할 충분한 시간을 줘야 한다는 것이다. 만약 질문 후에 멈추지 않는다면 당신이 그들의 생각을 꾹꾹 눌러 밟는 셈이 되며, 그러면 청중들이 당신이 말한 바에 집중할 수 없게 될 것이다.

질문으로 오프닝을 여는 마지막 이점은 청중과의 유대감 형성이다. 토스트마스터스 월드 챔피언 대런 라크르와(2001년 대중연설 월드 챔피언)는 다음과 같은 질문으로 자신의 연설을 시작했다.

"당신은 훌륭한 아이디어가 머릿속을 스치고 지나간 그 순간을 기억할 수 있습니까?"

당신이 만약 그 자리에 있었다면, 아마 자연스럽게 이런 생각이 떠올랐을 것이다. "네! 당신이 무슨 말을 하는지 알겠어요!"

청중들과 당신의 질문에 접점이 있다면 당신은 성공적으로 그들과 접속했다고 할 수 있는 것이다.

당신의 다음 프레젠테이션에서는 지식 격차를 만들고 청자들에게 호기심을 불러일으킬 수 있는 질문이나 청중들이 관련 맺을 수 있는 질문으로 오프닝을 해보라. 일단 그러고 나면 청중들은 단어 하나하나에 집중하게 될 것이다!

일단 호기심을 일으키는 질문으로 출발하고 스피치의 핵심을 짚는 이야기로 지식 격차를 메움으로써 당신은 완벽한 오프닝을 만들 수 있게 된다.

만약 당신이 다음과 같은 질문으로 스피치를 시작한다고 해보자.

"대부분의 사람들이 오랫동안 열심히 일해도 꿈에 다가서지 못하는 가장 중요한 이유는 무엇일까요?"

이 때 당신이 만약 평범한 연사라면, 즉각적으로 답을 청중들에게 제시할 것이다. "사람들이 실패하는 이유 중 첫 번째는 그들의 목표를 스스로 설정하지 않기 때문입니다."

하지만 이 책을 읽었으니 당신은 더 나은 시도를 할 수 있다. 단순히 답을 전달하지 말고 청중들이 그 답을 스스로 생각하도록 하라. 당신이 전달하고자 한 이야기에 빠져 그들의 호기심이 연장되도록 하라. 오프닝 질문을 던진 다음 매일 밤 야근에 시달렸지만 성공을 거둔 적 없는 당신의 친구 제리에 대한 이야기를 할 수도 있다. 그 다음 제리가 어떻게 목표 설정의 힘을 깨닫게 되었고 회사의 부사장 자리까지 오를 수 있었는지를 밝히는 것이다.

이렇게 단순히 답을 청중에게 제시하기보다 제리의 이야기를 통해 청중들이 스스로 답을 찾도록 유도할 수 있다. 이제 당신은 청중들의 관심을 효과적으로 붙잡은 것이고, 강력한 임팩트를 가해 그들이 제리의 이야기를 기억하도록 했다.

이렇게 질문을 이용해 지식 격차를 만들고 강력한 이야기를 이용해 그 격차를 메우는 것이다.

**3. 인용할만한 인용구**

당신의 스피치에 뭔가 신뢰성을 더하고 싶은가? 제3의 소스로부터 신뢰성을 빌려 와 당신의 메시지에 신뢰를 구축하고 싶은가?

그렇다면 인용문으로 오프닝하는 걸 고려해보라.

핵심 포인트를 표현해주는 짧은 인용구는 당신의 연설에 든든한 받침대가 될 수 있다. 예를 들어 일을 단순하게 만드는 중요성에 대해 스피치를 한다면, 당신은 아인슈타인을 인용하면서 시작할 수 있다.

"아인슈타인은 이렇게 말했습니다. '상상력은... 지식보다 훨씬 더 중요하다'고!"

그러나 당신의 인용구를 고를 때 명심해야 할 아래 몇 가지 사항이 있다.

▶ **짧은 것이 아름답다:** 인용구가 짧을수록 임팩트가 강렬하다. 긴 인용문은 결국 청중들을 지루하게 만든다.

▶ **관련성이 있는 것을 골라라:** 인용문이 당신의 핵심 포인트와 분위기와 밀접한 관련이 있어야 한다. 호머 심슨의 재치 있는 인용구는 눈물이 흥건한 장례식에는 어울리지 않는다.

▶ **소스를 확인하라!:** 소스의 신뢰성을 체크하라. 윤리의 중요성에 대

해 이야기할 때 히틀러를 인용해서는 안된다!

> **잘 알려진 권위자를 인용하라:** 당신의 고등학교 친구의 말을 인용하는 건 그 친구를 기쁘게 해줄 수는 있어도 청중들에게 점수를 따기는 어려울 것이다. 모든 이에게 익숙한 사람의 말을 인용하라.

> **너무 남용되지 않은 인용구를 써라:** 일부 인용문은 너무 자주 들어서 듣기만 해도 지겨워지는 것들이 있다. 청중들이 이전에 들어본 적 없는 인용을 쓰도록 노력하라.

예를 들어, 2003년 토스트마스터즈 세계 챔피언십 스피치에서 짐 키는 꿈의 중요성에 대해 이야기하면서 마틴 루터 킹을 인용했다. 그 흔한 "내게는 꿈이 있습니다." 대신 자신의 스피치에 꼭 들어맞는 다른 인용문을 선택했다.

"우리 시대의 가장 위대한 몽상가들 중 한 명인 마틴 루터 킹 목사는 이렇게 말했습니다. '옳은 일을 할 때 그 시기는 언제나 옳다!' 즉 우리가 어린이처럼 꿈꾸는 것이 옳다면, 어른처럼 꿈꾸는 것 또한 옳다는 뜻입니다."

### 4. 재미있는/놀라운 진술

데일 카네기는 말했다. "첫 문장부터 재미있는 무언가로 시작하라.

두 번째가 아니다. 세 번째도 아니다. 첫 번째! 첫 번째! 첫 문장부터!"

놀라운 진술로 청자들을 놀라게 함으로써 다른 연사들과 당신 자신을 차별화할 수 있다. 패스트푸드를 피하는 일의 중요성에 대해 이야기한다고 하면, 다음과 같은 진술로 시작할 수 있을 것이다.

"맥도날드 쿼터 파운더 치즈버거를 먹는다면, 당장 몸무게가 반 파운드 늘어날 겁니다!"

일반적인 상식이 아닌 충격적인 진술이다. 대부분의 사람들이 알지 못했던 사실을 제공하면 당신은 즉각적으로 그들의 삶에 가치를 더하고 긍정적인 영향을 끼치는 셈이다.

사람들의 주목을 끌기 위해 충격적인 진술을 반드시 해야만 하는 것은 아니다. 흥미를 끄는 진술도 동일한 효과를 낼 수 있다. 예를 들어,

"1989년 제가 대학을 졸업할 때, 교수님은 제 인생을 바꿀 말씀을 해 주셨습니다. 그리고 당신의 인생 역시 이 말로 인해 바뀔 겁니다."

이 진술은 청중들을 흥미를 자극한다. "그 교수가 한 말은 뭐지? 어떻게 저 사람의 인생이 바뀌었지? 그리고 어떻게 내 인생이 바뀐다는 거지?" 사람들은 궁금해 할 것이다.

흥미를 끄는 진술은 수수께끼를 만들고, 청중들이 채우려고 강박을 느끼게 되는 지식 격차를 생성한다.

만약 스피치의 핵심 메시지를 보완해 줄 재미있거나 놀라운 진술을 찾을 수 있다면, 그것을 이용함으로써 분명 청중을 사로잡을 수 있을 것이다.

### 5. 되부르기

사건 전, 혹은 사건 중간에 일어났던 어떤 일을 되짚는 걸 되부르기 (call-back)이라고 한다. 켄 로빈슨은 자신의 TED 연설에서 그의 발표 전에 있었던 프레젠테이션을 되부르기했다(http://bit.ly/12MPEFx).

> "이 컨퍼런스에서는 3가지의 테마가 있었는데요. 제가 이야기하려는 것과 관련이 있는 겁니다. 하나는 모든 프레젠테이션과 여기 있는 모든 사람들에게 있는 인간 창조성의 독특한 증거입니다. 그 다양성과 범위 말이죠. 두 번째는 미래의 관점에서 어떻게 될지 모르는 곳에 우리를 놓아둔…"

스피치의 뒷부분에서 그는 전날 밤에 벌어진 사건을 되불러왔다.

> "그리고 세 번째 부분은 우리가 모두 동의하듯이, 아이들이 가진 정말 독특한 능력, 그들의 혁신에 대한 가능성입니다. 어젯밤 시레나는 정말 대단하지 않았나요? 안 그래요? 그녀가 하게 될 일을 한번 생각해 봅시다. 그리고 그녀는, 뭐 전 꼭 그렇게 생각하진 않습니다만, 어린아이치고는 매우 독특하죠. 여러분이 본 건 다름 아닌 자신의 재능을 발견

하는 데 놀라운 재능을 가진 사람이라는 겁니다. 그리고 저의 주장은 바로, 모든 아이들은 놀라운 재능을 가졌다는 거죠."

앞선 프레젠테이션을 되불러온 일은 켄 로빈슨의 스피치에 독특한 느낌을 더해주었다. 청중들은 그의 연설이 공장에서 찍어낸 제품이 아닌, 자신들에게 맞춰진 것이라고 생각하게 된다.

스피치나 프레젠테이션에서 당신은 앞에서 발표한 연사나 당신이 말하기 전에 벌어진 사건을 되불러올 수 있다.

이야기, 질문, 인용, 재미있고 놀라운 진술과 되불러오기로 시작하는 건 강력한 오프닝을 만들어내는 일면에 불과하다. 이 다섯 가지의 증명된 기술 중 하나로 오프닝을 한 다음, 당신은 '큰 약속', '고통 진술'과 '로드맵'을 더할 필요가 있을 것이다. 먼저 '큰 약속'부터 살펴보기로 하자.

### '큰 약속'을 포함시켜라

지난밤에 전자식 근육 자극기를 파는 광고를 TV에서 보았다면 당신은 아마도 이런 문구들을 기억할 것이다.

이제 당신은 탄탄한 복근을 가질 수 있습니다... 땀 한 방울 흘리지 않고!

30일 만에 4인치 감소 – 보증합니다!

일반 운동보다 30% 효과적

이 문구들은 전자 근육 자극기의 '큰 약속'들이다. 전자 근육 자극기는 벨트에서 나오는 전자 신호들이 근육에 자극을 준다는 것이다. 그래서 당신은 가만히 앉아 "지방이 연소되는 것을 지켜" 보기만 하면 되는 것이다. 땀 흘리지 않고! 이 '큰 약속'의 결과로 전자 근육 자극기는 '머스트-해브' 아이템이 되었다(이 약속을 들었을 때 나 역시 사고 싶었다는 점을 인정한다!). 하지만 2002년 미연방무역위원회는 최고로 잘 팔린 전자 근육 자극기 3종의 제품을 허위 광고로 기소했다.

큰 약속은 사람들의 시간, 주의, 돈을 얻는 데 매우 효과적일 수 있다. 당신이 이 큰 약속을 남용하는 것이 얼마나 쉬운 일인지 알게 되었다면, 나는 당신의 그 큰 약속들이 헛된 약속이 되지 않기를 바랄 뿐이다.

비즈니스 세계에서 이 큰 약속을 윤리적이고 정직하게 사용하는 기업들도 많다.

**라이언에어(RYANAIR):** 라이언에어의 최저 요금 보증제 - 최저가가 아닐 경우 차액의 두 배를 보상합니다.

**페이스북(FACEBOOK):** 페이스북은 당신의 삶을 타인들과 나눌 수 있도록 돕습니다.

**월마트(WALMART):** 돈을 아끼세요. 더 나은 삶을 누리세요.

그럼 이것이 강력하고 설득력 있는 프레젠테이션을 창조하는 것과 무슨 관련이 있다는 말인가?

한마디로 프레젠테이션이란 청중들에게 '큰 약속'을 제공하는 일이라는 것이다.

당신의 프레젠테이션이 약속하는 바는 무엇인가? 당신의 프레젠테이션이 청중들에게 줄 수 있는 이점은 무엇인가? 왜 그들이 당신의 말에 귀를 기울여야 하는가? 그 안에 무엇이 있길래?

청중들에게 당신의 스피치를 들어야 할 강력한 이유, 당신이 그들에게 전할 것에 대하여 궁금해 하고 기대해야 할 수 밖에 없는 이유를 제시하라. 가능한 한 가장 강력하고 큰 약속을 만들어 연설의 시작 즈음에 배치하라.

나는 공공 연설 기술에 관한 워크숍 도중에 다음과 같은 큰 약속을 참가자들에게 제공한다.

> "이 반나절 워크숍이 끝날 때, 당신은 강력하고 설득력 있는 연사가 되는 도구와 기술들을 갖게 될 겁니다. 당신이 오늘 배운 기술들을 써먹는다면, 여기 오기 전보다 두 배는 나아질 것이라 보증합니다. 이 5가지 도구들은 당신의 학습곡선을 가파르게 만들어 줄 겁니다. 더 나아가 청중들이 참여하고 흥분하고 즐길 수 있게 하는 자신감 넘치는 연사가 될 겁니다! 자 첫 번째 도구는…"

큰 약속은 항상 청중들이 가까이 다가와서 더 많이 듣도록 유도한다. 프레젠테이션에서 큰 약속을 쓰면, 청중들은 당신이 말할 내용을 듣고 싶어 견딜 수 없을 것이다!

큰 약속이 길고 정교할 필요는 없다. 한 두 문장이면 족하다. 예를 들어 새로운 아이디어를 당신의 보스에게 어필해야 한다면 이렇게 말할 수 있다.

"이 프레젠테이션에서 우리는 4억 달러 가치가 있는 미개척 시장을 개척하는 방법을 찾을 것입니다!"

만약 당신이 판매사원 교육 담당자라면 세미나를 이렇게 시작할 수 있을 것이다.

"앞으로 20분 동안 당신은 세일즈를 두 배로 늘리고 수익을 세 배 올리는 방법에 대해 배우게 될 겁니다."

큰 약속을 만들 때 명심해야 할 몇 가지 사항들이 있다.

> **'나에게 어떤 이익이 있는가'를 자문해 보라:** 모든 프레젠테이션과 스피치가 시작할 때 청중들은 스스로 자문해 본다. "이게 내게 어떤 이익을 줄 수 있을까?" 청중이 프레젠테이션의 나머지 부분을 들을 가치가 있다고 생각할 수 있는 강력한 이유를 큰 약속을 통해 제시해줘야 한다.

> **큰 약속에 당신이 줄 수 있는 가장 큰 이익을 포함시켜라:** 당신에게 귀를 기울임으로써 청중들이 얻게 될 가장 큰 보상은 무엇인가? 당신의 큰 약속에 가장 큰 보상 세 가지를 포함시켜야 한다.

> **더 많은 이익을 보장하라:** 청중들마다 동기화의 원인이 다르다. 어떤 사람들은 돈 벌기를 기대하고, 누군가는 더 많은 시간을 얻는 데 열중한다. 즐거움을 원하는 이들도 있다.

크레이그 발렌틴은 자신의 저서 『World Class Speaking』에서 이에 대해 밝힌 바 있다. 그는 청중들을 동기화시키는 여러 다른 이익들을 다음 네 가지로 분류했다.

> **더 많은 자긍심:** 자신감을 더 필요로 한다.
> **더 많은 일:** 더 적은 시간에 더 많은 일을 하고, 더 많이 달성하려 한다.
> **더 많은 성취:** 돈이나 시간을 더 얻고자 한다.
> **더 많은 즐거움:** 기쁨, 즐거움, 행복을 더 많이 바란다.

이 각각의 요소를 하나씩 포함시킬 수 있다면, 당신은 청중들의 니즈를 충족시킬 가능성이 높은 것이다.

> **당신의 이익을 구체화하라:** 가능한 한 구체적으로 표현하라. "더 많이 팔게 될 겁니다"라고 말하는 대신, "판매가 두 배 늘어날 겁니다"라고 말하라. "더 나은 강연자가 될 겁니다" 대신 "처음 왔을 때보다 두 배는 나아질 겁니다"라 하고, "살이 빠지면 좋아 보일 겁니다" 대신 "지방은 싹 날아가고 빨래판 복근이 생길 겁니다"라고 말하라. 청중들의

마음속에 이득에 대한 명확한 그림이 그려지면 구체화는 즐거움을 창출하게 된다.

▶ **당신의 큰 약속이 실현될 수 있음을 주지시켜라:** 당신의 약속이 허황된 것이 아니라는 점을 명확히 하지 않으면 청중들은 속고 기만당했다고 느낄 것이다. 내가 본 한 연사는 프레젠테이션을 시작하면서 친구들과 포커 게임을 하면서 95% 이상의 승률을 보장하는 공식을 밝히겠다고 공언했다. 평소 포커를 즐기는 나는 그런 공식이 있다는 사실에 전율했다. 아마도 그건 어떤 수학 공식이나 전략이겠지? 하지만 프레젠테이션의 막바지에 그 연사는 말했다. "95% 이길 수 있는 공식 같은 건 없습니다." 엄청난 실망이 몰려왔고, 나는 사기당했다고 느꼈다. 그 연사가 포커 승률을 계산하는 몇 가지 중요한 포인트를 알려주긴 했지만 강연이 끝난 뒤 남은 건 기만당했다는 느낌과 실망뿐이었다.

| Tip | 당신의 큰 약속이 항상 명백한 것일 필요는 없다. 암시적이라도 괜찮다. 자, 사이먼 사이넥의 다음 TED 강연 오프닝을 보라. http://bit.ly/12MP5v9 |

"일이 생각대로 흘러가지 않는 것을 당신은 어떻게 설명할 수 있습니까? 반대로 모든 어려움을 이기고 성공하는 사람들을 볼 때 어떻게 설명합니까? 예를 들어 봅시다. 왜 애플이 그렇게 혁신적일까요? 그들은 작년에도, 올해도, 해를 거듭해가며 항상 경쟁자들보다 더 혁신적이었습니다."

사이먼은 청중들에게 어떤 사람이나 회사가 다른 이들과는 다르게 왜 성공하는지에 대한 이유를 알게 될 것이라고 명백히 진술하지 않았다. 대신 그가 한 질문 속에 그런 의미가 함축되어 있을 뿐이다.

만약 큰 약속을 명시적으로 드러낼 수 없다면 질문을 사용하여 청중들이 당신의 정보를 궁금해 하고 갈구하도록 만들어라.

### '고통 진술'을 포함시켜라

사람들은 두 가지에 자극받는다.

1. **기쁨(즉, 이익) 얻기:** 사람들이 행동하는 이유는 그 행동으로 어떤 이익을 얻기 위함이다. 그들은 행복, 자신감, 부 등을 얻고자 한다. 당신의 프레젠테이션에서 '큰 약속'은 청중들이 당신의 달을 듣게 되면 그들이 얻을 수 있는 강력한 이익을 제공해야 한다.

2. **고통과 상실 피하기:** 사람들은 고통과 상실을 피하려고 한다. 연구 결과에 따르면 사람들은 이익과 상실이 동일한 양이라면 이익을 얻는 쪽보다는 상실을 피하는 쪽을 선택한다고 한다.

따라서 '큰 약속'과는 별개로 프레젠테이션 오프닝에서 청중들이 현재 시달리고 있는 고통을 부각시킬 필요가 있다. 청중들이 당신에게 귀기울이게 하기 위해 큰 약속 이후에 고통에 관한 진술을 삽입해서 그들이 지금 무엇을 잃고 있는지를 짚어줘야 한다.

아래처럼 어떤 큰 약속 후에 짧은 고통 진술을 덧붙여 보자.

"앞으로 15분 동안 미개척 시장에 뛰어들어 우리의 매출을 500% 늘릴 수 있는 방안에 대해 논의할 것입니다. 이 미개척 시장을 간과한다면 우린 연 4억불의 가치를 놓치는 셈입니다!"

다른 예를 하나 더 들어보자.

"앞으로 20분간 당신은 매출을 두 배로, 이익을 세 배로 늘릴 방법을 배우게 될 겁니다. 이런 기술을 사용하지 않는다면 당신은 매일 수천 달러를 손해 보게 되는 겁니다."

내가 진행하는 커뮤니케이션 스킬 워크숍과 세미나에서 나는 청중들에게 그들이 놓치게 될 기회에 대해 생각해보라는 질문을 던짐으로써 고통을 극대화한다.

"뛰어난 커뮤니케이션 스킬은 당신의 사업적 성공에 필수적입니다. 한 번 생각해 보세요. 최종 의사 결정자를 설득시키는 방법을 알지 못해 당신의 훌륭한 아이디어가 좌절된 적이 몇 번입니까? 다른 동료들이 승진하는 게 그들의 능력이 더 낫기 때문이 아니라 그들이 단지 더 자신감에 넘치고 더 말을 유창하게 하기 때문이라는 걸 지켜보는 심정이 어떻습니까? 거래를 이끌어낼 기술이 부족해서 당신이 놓치게 된 수입이 대체 얼마입니까?"

고통 질문과 고통 진술을 이용하면 청중들은 그들이 처한 상황에 일시적으로 불편함을 느끼게 될 것이다. 그 불편함은 그들로 하여금 고통을 경감시켜 줄 해결책을 찾아 나서게 만든다. 당신이 이제 프레젠테이션에서 할 일은 청중들의 고통을 없애고 그들의 목표와 꿈에 더 다가서도록 도와줄 해결책과 아이디어를 잘 정돈하여 제시하는 것이다.

이 지점에서 누군가는 이렇게 생각할 수도 있을 것이다. "난 그렇게 말 못 하겠어요! 내 상사는 내가 건방지다고 생각할 겁니다. 이 기술은 내겐 쓸모가 없어요."

이렇게 공공연히 고통 진술을 이용하는 것이 항상 현명한 방법은 아니다. 하지만 함축적으로 고통 진술을 담는 것도 가능하다.

내게 프레젠테이션 코칭을 받는 변호사 닉은 홍콩에서 새롭게 시행된 은행 관련법을 준수하는 일의 중요성을 한 무리의 은행가들에게 설명해야 했다. 그 은행가들은 상사의 명령 때문에 어쩔 수 없이 닉의 강연에 참석하게 된 사람들이었다. 그들은 자신들의 경력에 별 중요하지도 않은 법에 대해 배우는 데 관심이 없었다.

청중들의 주의와 관심을 돌리기 위해 닉과 나는 은행가들이 법을 지키지 않으면 당하게 될 고통을 부각시키는 짧은 이야기로 시작하는 것이 최선이라고 결정했다. 그래서 닉은 미국 주요 은행들이 유사한 법률을 지키지 않은 결과 수억 달러의 벌금을 물게 된 이야기로 프레젠테이션을 시작했다. 해당 은행의 임원들 중 일부는 법 위반의 대가로 해고되기까지 했다.

이 오프닝으로 강연장의 모든 은행가들이 닉을 주목하게 되었는데, 그건 그 이야기가 고통 진술을 함축하고 있었기 때문이다. 청중들이 그의 말을 듣지 않으면 맞이할 수 있는 결과를 은연중에 부각시켰던 것이다. 닉은 그 다음 분위기를 좀 누그러뜨리면서, "이 프레젠테이션에서 우리는 그와 같은 운명을 피하고 이 규제에 적응하는 법에 대해 다룰 것입니다."라고 말을 이어나갔다.

### 로드맵을 포함시켜라

당신의 프레젠테이션은 청중들이 어디로 향하게 될 것인지, 그리고 어떻게 거기에 다다르게 될 것인지를 명확히 보여주는 로드맵을 제공해야 한다. 나는 대중 연설 세미나에서 이렇게 말한다.

> "이 워크숍에서 우리는 우선 청중들이 계속해서 많은 것을 원하도록 만들 대단한 콘텐츠를 생성하는 3가지 방법을 배우게 될 것입니다. 그 다음 최대의 효과를 위해 당신의 스피치를 논리적으로 구성하는 데 사용할 구체적인 공식들을 발견하게 될 것이며, 마지막으로 청중들에게 현장감을 주는 데 사용할 3가지 전달의 기술을 배우게 될 겁니다."

이 로드맵은 청중들에게 이 워크숍이 3가지 파트로 구성된다는 점을 알려준다. 콘텐츠, 구성, 전달. 이렇게 청중들의 마음속에는 세미나의 각 섹션에 대응하는 3가지 폴더가 생성되는 것이다. 그 다음 청중들은 알맞은 폴더에 각 섹션의 핵심 내용들을 갈무리하게 된다. 이런 방법으로 사람들은 프레젠테이션을 보다 쉽게 기억하게 된다.

스티브 잡스는 그 유명한 스탠포드대 졸업식 연설에서 자신의 강연의 간략한 로드맵을 제시한 바 있다(http://bit.ly/13KIp2N).

"나는 여러분과 세 가지 이야기를 나누고자 합니다. 그게 답니다. 딱 세 가지 이야기."

이처럼 짧은 로드맵을 오프닝에 노출시키면 청중들이 당신의 프레젠테이션이 어떻게 구성될지 알게 하는 효과가 있다.

**TED 요약**

- 지루한 '자기중심적', 틀에 박힌 '감사합니다', 농담 오프닝은 피하라.
- 다음 5가지를 활용해 시작하라.
  - 이야기
  - 질문
  - 인용
  - 재미있는/놀라운 진술
  - 되부르기
- 큰 약속을 포함시켜라(명시적/함축적으로).

- 고통 진술을 활용하라(명시적/함축적으로).
- 로드맵을 제공하라.

오프닝을 작성하는 데 충분한 시간을 써라. 오프닝을 리허설해보고 친구와 동료들로부터 스피치의 시작과 끝 부분에 관한 피드백을 받아보라. 오프닝을 더 완벽하게 하기 위해 투자한 모든 시간은 그에 걸맞은 보상으로 돌아올 것이다.

TED

# 5

# 프레젠테이션 본문

스피치의 본문에서 당신은 핵심 주장을 내세우게 된다. 이야기, 통계, 유추 등을 활용해, 핵심 메시지를 담은 당신의 주장을 논리적으로 만들고 뒷받침해야 한다.

마음에 반드시 새겨둬야 할 점은, 당신의 주장을 앵커(anchor: 닻)와 연결시켜야 한다는 것이다.

앵커란 무엇인가?

앵커는 당신의 주장을 사람들이 기억하도록 만드는 도구이다. 당신은 핵심적인 주장을 지지하는 여러 종류의 앵커를 사용할 수 있다.

### 당신의 주장을 기억하게 만드는 10가지 앵커들

어떤 주장을 내세울 때 당신은 그를 앵커에 '묶어둘' 필요가 있다. 많은 연사들이 너무 여러 가지 주장을 하거나 그 주장을 묶어둘 앵커를 사용하지 않는 우를 범한다. 그러면 그들의 주장은 곧 잊혀질 것이다.

다음에 등장할 앵커들 중 청중의 기억에 당신의 주장을 새길 방법을 골라보자.

**1. 일화(이야기)**

당신의 핵심 주장을 담은 이야기를 전달하라. 좋은 이야기는 훌륭한 추천서와 같다.

잠시 당신이 정치인이라고 상상해보자. 당신은 이제 막 인생에서 가장 큰 기회와 맞닥뜨렸다. 수천 명의 군중과 수백만의 TV 시청자가 지켜보는 거대 집회에서 연설할 기회가 생긴 것이다. 당신은 지역에서는 유명 인사지만 전국적으로는 아직 충분한 인지도를 얻지 못했다. 이 연설을 어떻게 시작해야 할까?

2004년, 버락 오바마는 민주당 전당대회의 키노트 연설자로 선정됐다. 당시 일리노이주 상원의원이었던 오바마는 전국 무대에서는 잘 알려지지 않은 인물이었다. 이 때의 연설로 그는 전국구 스타의 자리에 올랐고 차기 대통령 주자로서의 잠재력을 인정받게 됐다. 전당대회에서의 연설을 시작한지 1분도 되지 않아 오바마는 연설의 핵심 주제와 관련된 이야기를 시작한다. 당신이 어느 정당을 지지하든지 2004년 민주당 전당대회 오바마 연설의 발췌문은 공부해볼 가치가 있다(http://bit.ly/10gm1t6).

"오늘은 저에게 아주 명예로운 밤입니다. 왜냐하면, 이 무대에 제가 서 있는 건 정말 신기한 일이기 때문입니다. 제 아버지는 케냐의 작은 마을에서 태어나 미국으로 공부하러 온 학생이었습니다. 케냐에서는 염소를 몰며 자랐고 양철지붕을 얹은 학교를 다녔습니다. 제 할아버지는 영국인 가정의 하인이자 요리사였습니다.

하지만 할아버지는 자식에 대한 보다 큰 꿈을 가지고 있었습니다. 근면, 성실과 인내를 통해서 아버지는 장학금을 받았고 꿈의 장소에서 공부할 수 있었습니다. 그 마법과 같은 장소는 미국입니다. 예전에 그 곳의 사람들에게 자유와 기회의 등불을 밝혀줬던 곳입니다.

아버지는 거기서 공부하시는 동안 어머니를 만났습니다. 어머니는 세계의 반대쪽에 있는 캔자스의 한 마을에서 태어났습니다. 외할아버지는 석유 시추공과 농군으로 대공황을 버텨냈습니다. 진주만 습격 사건 다음날 군에 입대하여 패튼 장군의 군대에 배속되어 유럽으로 진군했습니다.

외할머니는 고향에서 자녀를 기르면서 폭탄 제조 공장에 다녔습니다. 전쟁이 끝나고 제대군인원호법 덕에 집을 구입할 수 있었으며, 후에 서부로 이주했다가 기회를 찾아 하와이로 이주했습니다.

그리고 두 분도 역시 당신들의 딸에게 큰 기대를 가지고 있었습니다. 비록 대륙은 다르지만 꿈만은 같았던 겁니다.

제 부모님은 아주 멋진 사랑을 나누셨을 뿐만 아니라 이 나라의 가능성에 대한 변치 않는 믿음도 나누셨습니다. 부모님은 저에게 아프리카식 이름을 지어 주셨습니다. '축복'을 의미하는 버락(Barack)이란 이름에는 관용의 나라인 미국에서 이름이 성공에 장애가 되지는 않을 것이란 믿음이 담겨 있습니다. 부모님은 제가 미국에서 가장 좋은 대학에 가기를 꿈꾸셨습니다. 비록 우리 집은 가난했지만요. 왜냐하면 관대한 나라 미국에서는 잠재력을 발휘하기 위해 꼭 부자가 될 필요는 없었으니까요. 제 부모님들은 지금 모두 돌아가셨습니다. 하지만 저는 압니다. 오늘밤, 우리 부모님께서 저를 자랑스러운 눈으로 보고 계시다는 것을. 그분들은 여기 함께 있습니다. 그리고 저는 여기에서 제 유산의 다양성에 감사하고 제 사랑스러운 두 딸에게 부모님의 꿈이 살아있음을 느낍니다. 제 이야기는 보다 큰 미국의 이야기 중 일부라는 걸 알고 있으며 선조들에게 제가 빚지고 있음을, 또 이 지구상에서 미국 외의 어떤 나라에서도 이런 이야기가 가능하지 않을 것임을 압니다."

이 이야기는 미국이 고된 노동과 인내에 보상할 줄 아는 위대한 국가라는 주장을 지지해주고 있다. 나는 이야기가 당신이 사용할 수 있는 최고의 앵커라고 믿는다. 우리 뇌의 감정적 부분을 움직이기 때문에 스피치에서 가장 기댈만하고 지속적으로 성공을 보장할 수 있는 도구인 것이다.

## 2. 두음 약어

잠깐 사고 실험을 하나 해보자. 당신이 지금 군대에 있다고 상상해보라. 당신은 최전선의 척후병이다. 적의 위치를 탐색하고 동향을 비밀리에 보고해야 할 중요한 임무를 띠고 있다. 비밀 군사 훈련에서 본부가 최종 결정을 내릴 수 있도록 다음 사항을 보고해야 한다고 배운다.

> **규모(Size)** – 적군의 병력은 대강 어느 정도 규모인가?
> **위치(Location)** – 지도 좌표상 적의 위치는?
> **종류(Unit)** – 적 부대의 정체는?
> **활동(Activity)** – 적군이 어떤 작전을 수행하고 있는가?
> **장비(Equipment)** – 적이 가진 장비와 무기는 무엇인가?
> **시간(Time)** – 탐지 일시

몇 분간 이 리스트를 순서대로 암기하라.

자, 이제 리스트에서 눈을 떼라. 방금 당신에게 첫 번째 임무가 주어졌고 당신은 적을 포착했다. 하지만 적도 당신을 발견했고 어쩔 수 없이 교전에 임하게 됐다. 적은 당신에게 발포하기 시작했고 총탄과 고성이 오가고 폭탄이 터진다. 폭발로 인해 정신이 혼란스럽다. 이제 적의 활동에 대해 본부 정보기관에 보고해야 하는데, 멀쩡히 생각하기조차 힘들다. 이런 상황에서 어떻게 보고에 필요한 사항들을 제대로 기억해낼 수 있을까?

인정하자. 확실히 뭔가 기억해 내기란 매우 어려운 상태다. 하지만 군대에서는 보고할 사항을 기억하기 쉽도록 이를 두음 약어를 이용해 S.A.L.U.T.E.(경례)로 정리해놓았다(Situation, Activity, Location, Unit, Time, Equipment). 보고할 사항들의 첫 글자를 따서 기억하기 쉽게 하나의 단어로 표현한 것이다.

군대에서는 장병들이 중요한 개념들을 쉽게 기억하도록 종종 약어를 사용한다. 예를 들어 B.R.A.S.S.(황동)는 총을 정확하게 발사하는 기술을 기억하게 하기 위한 약어다. 호흡하고(Breathe), 긴장을 풀고(Relax), 조준하고(Aim), 느슨하게 하고(Slack), 조여라(Squeeze). BRASS는 병사들이 격발술의 표준 순서를 기억하는 데 중요한 역할을 하고 있다.

학습과 기억에 용이하도록 두음 약어를 사용하는 곳이 군대만은 아니다. 전 세계의 교사와 학생들이 약어를 이용해 시험을 준비한다. 당신도 중요한 개념을 암기하기 위해 약어를 사용해본 경험이 분명 있을 것이다.

당신이 해야 할 주장이 여러 가지라면, 청중들이 그를 기억할 수 있도록 약어 사용을 고려해 보는 것도 좋다.

### 3. 활동

당신의 주장을 강화시킬 수 있는 간단한 게임/역할 놀이를 만들 수 있다면 그것을 활용해보라.

나는 워크숍 동안 내가 가르치는 개념들을 참가자들이 익힐 수 있도록 다양한 활동들을 사용한다. 한 예로, 참가자들이 특정한 단어를 강조해 전체 문장의 의미를 변화시킬 수 있는 방법이 있다. 참가자들에게 다음 문장들에서 굵은 글씨를 강조해서 읽게 한 다음 해당 문장의 의미가 어떻게 변화했는지 질문한다.

> **나**는 그녀가 화가 났는지 알지 못했다.
> 나는 그녀가 화가 났는지 알지 **못했다**.
> 나는 그녀가 화가 났는지 **알지** 못했다.
> 나는 **그녀가** 화가 났는지 알지 못했다.
> 나는 그녀가 **화가 났는지** 알지 못했다.

이 활동의 핵심은? 어떤 단어를 강조하느냐에 따라 문장의 의미가 완전히 바뀔 수 있다는 점을 깨닫는 것이다.

만약 당신이 활동을 이용해 워크숍, 세미나, 프레젠테이션 등을 한다면 청중을 몇 그룹으로 나눠서 당신이 내놓은 문제에 창의적인 해답을 찾도록 할 수 있을 것이다.

이 활동은 훌륭한 앵커가 될 수 있다. 왜냐하면

> 청중들이 몸을 움직이고 무언가 하게끔 만들기 때문이다. 청중들이 무언가를 행하게 되면(앉아서 당신의 말을 들을 때와 비교해서) 그들이 참여하고 있으며… 적어도 깨어있다는 것을 확신할 수 있기 때문이다!
> 또한 당신의 주장을 강화하는 데도 일조한다. 그룹 활동은 당신의 주장을 기억하도록 만든다. 당신이 말한 내용을 잊을 수는 있어도 자신들이 행한 바를 잊지는 않을 것이며, 그들이 활동을 기억한다면 그와 관

련된 주장 또한 기억해내게 될 것이다.

### 4. 유추, 직유, 은유

무언가를 기억하거나 배우는 최고의 방법 중 하나는 새롭게 익히고자 하는 주제를 이미 익숙한 무언가와 연결시키는 것이다. 다시 말해 최상의 학습법이란 익숙한 것과 낯선 것 사이에 가교를 연결하는 일이란 말이다.

유추, 직유, 은유는 두 가지의 서로 다른 물체를 비교하는 것이다. 이들은 훌륭한 앵커로써 기능하게 되는데, 청중들에게 이미 익숙한 주제를 가지고 당신이 나누고자 하는 새로운 정보와의 연결점을 생성하기 때문이다.

존 그레이는 자신의 저서 『화성남자 금성여자의 다이어트와 운동』(친구미디어, 2006)에서 아래와 같은 유추를 사용했다.

> "당신의 몸을 낡은 증기 기관이라고 생각해 봅시다. 불을 피우는 데 석탄이 필요하지요. 공급할 석탄이 없다면 석탄 넣는 속도도 느려질 거고 연료도 소비되지 않을 겁니다. 이와 마찬가지로 아침을 먹지 않는 날에는 당신의 신진대사도 느려지는 겁니다."

### 5. 통계

통계도 당신의 주장을 기억에 남도록 돕는다. 다음의 통계는 부의 불평등에 관한 문제를 매우 명료하게 만들어 준다.

"전 세계 부의 99%는 전 세계 인구의 1%에 의해 좌우된다."

한 주장이 참이라는 증거를 제시함으로써 그 주장이 기억되도록 도와주는 통계도 있다.

"팝콘 한 상자는 온종일 기름진 음식을 먹는 것만큼이나 건강에 해롭다!"

Chapter 7에서 스피치에 통계를 사용하는 더 많은 방법에 대해 다룰 것이다.

### 6. 학술 연구

당신의 주장을 뒷받침하고 공고히 하면서 신뢰도를 더하기 위해서 학술 연구 결과를 활용하라. 잘 사용하면 사람들의 호기심을 자극하여 매력적인 결과를 가져올 것이다. 대니얼 핑크는 TED 연설에서 댄 애리얼리의 연구를 언급했다(http://bit.ly/10gmo70).

"우리 시대의 위대한 경제학자 중 한 명인 댄 애리얼리와 그의 동료들은 MIT 학생들을 대상으로 연구를 수행했습니다. 학생들에게 창조성, 운동 기능, 집중력에 관한 게임들을 제공했지요. 그리고 그들에게 세 가지 종류의 보상을 제안합니다. 작은 보상, 중간 보상, 큰 보상. 정말 잘하면 큰 보상을 얻을 수 있는 거지요.

어떤 일이 벌어졌을까요?

오직 기계적인 기술과 관련된 일에서만 그들이 기대한 대로 보너스가 작용했습니다. 보상이 클수록 결과가 좋았던 거지요. 그렇겠죠? 하지만 초보적인 인지 능력과 관련된 과업에서는 오히려 더 큰 보상이 더 나쁜 결과를 낳았습니다."

조사 연구는 그 속성상 질문에 답하는 것이다. 그러므로 "어떤 일이 벌어졌을까?"에 뒤따르는 연구 설명은 당연히 청중들의 호기심을 불러일으키게 되어 있다.

당신의 스피치에서 논점을 강화하기 위해 학술 연구를 활용할 수 있다면 그렇게 하라. 이왕이면 이야기의 형식을 취하고, 결과를 밝히기 전에 호기심을 자극할 수사적 질문을 활용하는 게 좋다.

### 7. 사례 연구

사례 연구는 주장을 강화하는 또 다른 도구다.

'소셜 미디어를 통한 브랜드 인지도 개선'이라는 주제의 프레젠테이션을 한다면 청중들에게 브랜드 인지도를 높이기 위해 소셜 미디어를 활용한 회사들의 사례 연구자료를 배포할 것이다. 그런 다음 사례 연구를 통해 주요 논지를 밝히고 어떤 전략이 먹히는지와 개선할 점은 무엇인지에 대한 견해를 전하려 할 것이다.

사례 연구의 활용은 MBA 수업에서 일반적으로 사용되는 방법이기도 하다. 실제로 하버드 비즈니스 스쿨 MBA 코스는 수업에 사례 연구를 많이 활용하고 있다.

### 8. 제품 시연

제품 시연은 어떤 제품을 제시하거나 홍보할 때 당신의 주장을 기억하게 해주고 청중들의 신뢰도 얻을 수 있는 훌륭한 방법이다.

스티브 잡스는 이에 정통한 사람이었다. 사파리 브라우저를 공개할 때 잡스는 사파리가 익스플로러보다 훨씬 빠르다는 점을 강조하려고 했다. 잡스는 단순히 그렇게 말하는 대신 제품 시연을 택했다. 두 개의 큰 스크린에 각각 사파리와 익스플로러를 띄우고 웹 주소를 친 후 동시에 엔터키를 눌렀다. 결과는? 익스플로러가 아직 데이터를 불러오는 동안 이미 사파리에선 페이지 로드가 끝나 있었다.

기억에 남는 시연은 청중의 기억과 주장을 단단히 엮어 놓는다. 더구나 그것은 유형(有形)의 증거가 된다. 시연 실황을 본다면 그 누구도 쉽게 그 주장에 반박할 수 없다.

따라서 제품을 홍보할 때는 당신의 프레젠테이션 일부에 제품 시연을 포함시키는 것을 고려해보자.

### 9. 고객 추천

만약 잠재 고객 앞에서 프레젠테이션을 한다면 고객 추천은 당신의 주장을 강화하고 가치를 증명해주는 훌륭한 방법이다.

컴퓨터 제조업체에 납품할 컴퓨터 칩을 생산하는 회사에서 일한다고 가정해 보자. 지금 당신이 근무하는 회사와 거래하려고 하는 컴퓨터 제조업체 사장 앞에서 프레젠테이션을 해야 한다. 이런 프레젠테이션에 당신은 어떤 내용을 넣을 것인가? 이 거래의 성사를 위해 무슨 말로 설득해야 할까?

싼 부품을 어떤 회사보다도 빨리 생산한다는 점을 말하고 싶다면 원래 거래하던 칩 제조 회사가 도산해 버려서 며칠 안에 당장 컴퓨터 칩이 필요하다고 달려온 한 고객에 대한 이야기를 하면 될 것이다. 그런 다음 당신의 서비스에 얼마나 만족했는지를 언급한 그 고객의 추천사를 소개하라. 추천을 보여주는 방법은 여러 가지가 있다. 파워포인트나 인쇄물에 추천사를 넣어도 되고 그냥 그 추천사를 읽어주는 것도 괜찮다.

추천사를 사용할 때 몇 가지 명심해야 할 사항들이 있다.

▶ **추천 영상이 최고다:** 영상을 통해 고객의 추천을 보여주는 것이 가장 신뢰도가 높다. 글로 된 추천사는 조작이 쉽기 때문에 사람들은 영상을 더 신뢰한다. 추천 영상이 있다면 파워포인트 프레젠테이션에 삽입시킬 수도 있다.

▶ **고객의 사진을 활용하라:** 당신이 받은 것이 단지 서면 추천사뿐이라면 고객의 사진을 포함시켜 보자. 추천사에 사진을 넣으면 신뢰도를 높일 수 있다.

▶ **이름을 명기하라:** 고객의 성명을 포함시켜라. 무기명의 추천사를 곧

이곧대로 믿을 사람은 없다. 쉽게 조작할 수 있기 때문이다. 할 수 있다면 고객이 일하는 회사와 고객의 직책을 같이 명기하라.

> **구체적인 추천사를 써라:** "귀사는 훌륭합니다. 당신이 제공한 서비스에 감동했습니다."와 같은 추천사는 받는 입장에선 기쁜 일이지만, 청중들에게 신뢰를 얻기엔 너무 무난하고 모호하다. 모호한 추천사는 구체적인 장점과 이점에 대해 거의 말해주는 것이 없기 때문에 사실상 가치가 별로 없다. 그 대신 이런 구체적인 추천사를 요청하는 게 좋다. "귀사의 제품 덕분에 매출이 45% 증가했습니다. 사용이 편리한 제품이고 불과 한 시간 만에 사용법을 익힐 수 있었습니다. 내년에도 귀사의 제품을 이용하면 이십만 달러가 넘는 매출을 올릴 수 있으리라 기대합니다."

## 10. 인용

마지막으로, 인용을 활용해 당신의 핵심 주장을 보충하고 메시지를 기억에 남도록 할 수 있다.

나는 자기 자신이 허락하지 않으면 부정적인 사람들이 당신에게 영향을 끼칠 수 없다는 내용의 스피치를 한 적이 있다. 그 때 내가 사용한 인용은 다음과 같다.

"저는 제 열등감의 이유가 그녀 탓이 아니라는 점을 깨달았습니다. 나 자신이 문제였습니다. 엘리노어 루즈벨트의 말처럼 '당신이 동의하지 않으면 누구도 당신에게 열등감을 느끼도록 할 수 없기' 때문입니다!"

몇 달 뒤에, 나는 우연히 당시 청중 중 한 사람을 만나게 되었다. 그녀는 "아직도 그때 들은 강의가 기억나요. 엘리노어 루즈벨트를 인용했던 것 말예요."라고 말했다. 그게 사실이란 것을 보여주려고 그녀는 이 인용문을 내 앞에서 다시 읊기까지 했다.

켄 로빈슨은 TED 강연에서 피카소를 인용하여 교육이 창조성을 죽인다는 그의 핵심 주장을 뒷받침했다.

"피카소가 이렇게 말한 적이 있습니다. '모든 아이들은 예술가로 태어난다. 문제는 그들이 자란 후에도 예술가로 남게 하는 것이다.' 저는 이 말을 열정적으로 지지합니다. 우리가 창조성을 기르지 못한다면, 그건 사라져버릴 겁니다. 아니 오히려 우리는 창조성을 버리도록 교육받고 있습니다. 도대체 왜 이런 걸까요?"

인용은 제3의 소스로부터 신뢰를 빌려오는 뛰어난 방법일 뿐 아니라 당신의 연설이 기억되도록 하는 앵커 역할을 한다.

프레젠테이션의 본문을 작성할 때 다음의 앵커들을 활용하라.

- 일화
- 두음 약어
- 활동
- 유추, 직유, 은유
- 통계
- 학술 연구
- 사례 연구
- 제품 시연
- 고객 추천
- 인용

# TED 6

## 강력한 결론

### 최신 효과

"기억해야 할 리스트가 주어지면, 우리는 중간에 있는 것들보다 마지막 몇 가지를 기억하는 경향이 있다. 또한 리스트의 맨 마지막에 있는 사항이 가장 중요하다고 여긴다." - ChangingMinds.org

이 최신 효과 탓에 연설의 마무리는 시작만큼이나 중요하다. 사람들은 당신이 마지막에 말한 내용을 기억하게 되므로 충분한 시간을 들여 스피치의 엔딩을 만들어야 한다. 기억에 남을 강력한 클로징을 만들 수 있는 몇 가지 기술들을 소개한다.

### 마무리하고 있다는 신호를 보내라

발표자가 "결론적으로"라는 단어를 사용하면 사람들의 주의가 더 집중된다는 연구 결과가 있다. 이는 "결론적으로"란 말이 스피치가 끝나간다는 신호를 보내기 때문이다. 청중들은 이제 발표자가 연설을 요약할 것이고 곧 중요한 다음 과제가 뒤따를 것이란 점을 알기 때문에 발표자가 말하는 내용에 더 주의를 기울이게 된다.

청중들의 주의를 끌기 위해 반드시 "결론적으로"란 표현을 사용할 필요는 없다. 프레젠테이션이 막바지에 왔다는 신호를 보낼 수 있다면 어떤 말이든 좋다. "정리해 볼까요"나 "요약하자면" 또는 "이 무대를 떠나기 전에 이 말씀만은 전하고 싶습니다." 같은 표현을 쓸 수도 있을 것이다. 이제 끝이라는 의사만 확실히 전달된다면 클로징 멘트에 어떤 창의적 표현을 쓰더라도 괜찮다.

### 핵심 주장을 요약하라

클로징에서 당신의 핵심 주장을 재강조하라. 스피치의 마무리는 스피치 내내 당신이 주장했던 요점들을 되불러와서 강조하는 기회가 된다. 단, 요약정리는 길어도 2~3분 내에 해야 한다. 다음 대니얼 핑크의 TED 강연을 참고해보자.

"이제 마무리 지어 볼까요. 과학이 아는 것과 사업이 하는 것 사이에는 불일치하는 부분이 있습니다. 과학이 아는 바는 이렇습니다. 첫째, 20세기식 보상 — 우리가 사업의 자연스러운 부분이라고 여겨왔던 이 촉진자들은 단지 놀랍도록 좁은 환경 내에서만 유효하다는 것. 둘째, '만약 그렇다면' 식의 보상은 때로 창의력을 파괴한다는 것. 셋째, 높은 성과의 비결은 보상이나 처벌이 아니라 보이지 않는 본질적인 욕구, 바로 자신을 위해 일하려는 욕구라는 것. 그것들이 중요하기 때문에 행하려는 욕구 말입니다."

## 더 나은 미래를 위한 희망을 제공하라

당신의 핵심 주장을 요약하는 데 그치지 말고 더 나은 미래를 위한 희망을 제공하라. 극복해야 할 문제에 대해 발표한다면 청중에게 그 문제가 극복될 수 있다는 희망을 주어야 한다. 사기를 높이는 말로 스피치를 마무리해서 청중들의 기운이 북돋아 주는 것이 좋다. 대니얼 핑크는 핵심 주장을 요약한 후에 다음과 같이 연설을 끝맺었다.

"여기가 가장 중요한 부분입니다. 제일 중요합니다. 우리는 이미 알고 있습니다. 과학은 우리가 마음으로 알고 있는 걸 단지 확인해주는 겁니다. 그래서 우리가 만약 과학이 아는 것과 사업이 하는 것 사이의 불일치를 해소할 수 있다면, 만약 21세기에 맞는 촉진제를 가져올 수 있다면, 이 게으르고 위험하고 이데올로기적인 당근과 채찍을 벗어날 수 있다면, 우리의 사업은 더욱 탄탄해질 것이고 수많은 촛불 문제들을 해결할 수 있으며 아마, 아마, 아마도 우리는 세상을 바꿀 수 있을 겁니다. 이상입니다."

다른 예도 살펴보자. 레슬리 모건 스타이너는 가정 폭력에 대한 TED 연설을 문제 해결의 희망을 제시하면서 마무리했다(http://bit.ly/YxLf3q).

"폭력의 조기 징후들을 인식하고, 계속 간섭하고, 악화시키고, 피해자들에게 안전한 탈출로를 보여줍시다. 함께 침대를 준비하고 저녁 식탁을 차리고 우리의 가족들에게 안전하고 편안한 오아시스를 준비해줍시다. 감사합니다."

**강연장과 결론을 연결시켜라**

켄 로빈슨은 미래에 대한 희망을 제시했을 뿐 아니라 TED 컨퍼런스에 자신의 결론을 연결시켰다.

"TED가 지지하는 것은 인간의 상상력이란 선물입니다. 우리는 이 선물을 조심스럽고 현명하게 다뤄서 우리가 이야기한 시나리오 중 일부를 실현시켜야 합니다. 그리고 그렇게 할 유일한 방법은 우리가 가진 창조적 능력의 풍부함을 깨닫고 우리의 아이들에게 그들이 가진 희망을 일깨워주는 것입니다. 우리의 사명은 그들 전체를 교육시켜 미래를 맞이하도록 하는 일입니다. 그럼 비록 우리는 그 미래를 보지 못하더라도, 아이들은 보게 될 것입니다. 그렇게 그들이 뭔가 해낼 수 있도록 돕는 것이 우리가 할 일입니다. 대단히 감사합니다."

로빈슨은 결론부에서 자신의 핵심 주장들을 잘 요약했을 뿐 아니라, 그가 연설하는 TED 컨퍼런스에 연결시키기까지 했다. 이렇게 그의 감정이 연설에 드러나게끔 연출하여 관객들의 주의를 이끈 것이다.

질 테일러 박사도 TED의 사명 선언('널리 나눌 가치가 있는 아이디어')을 클로징에 넣어 자신의 TED 강연을 끝마쳤다(http://bit.ly/14VuyZ3).

> "저는 우리 우뇌의 회로에 깊은 내적 평화가 흐르도록 하는 데 더 많은 시간을 쏟으면 이 세상에 평화가 더 널리 퍼지고 지구가 더 평화로워질 것이라고 믿습니다. 그리고 저는 그것이 널리 나눌 가치가 있는 아이디어라고 생각했습니다."

당신의 결론을 지금 강연하고 있는 장소와 연결시킬 수 있는 방법을 찾을 수 있다면, 다른 강연자들보다 한참 앞서 나갈 수 있을 것이다. 청중들에게 오래도록 기억에 남는 강연자가 될 것임을 의심할 필요가 없다.

### 행동을 촉구하라

당신의 청중들이 연설을 듣고 난 후 뭔가 달라지기를 바라는가?

명료하고 강력한 행동 촉구를 연설의 클로징에 포함시켜라. 당신이 청중들에게 무엇을 원하는지 정확히 말하라. 고위 임원들에게 사업 제안을 하면서 두 번째 미팅을 갖기 원한다면 그들에게 이렇게 말하라.

"우리가 보았듯이, 이 미개척 시장은 매년 약 4천만 달러의 가치가 있습니다. 투자 비용을 크게 넘어서는 보상이 있을 것이고 이 시장에 진입하기에 지금이 적기라는 점을 살펴봤습니다. 지금까지의 논의를 바탕으로, 저는 두 번째 미팅에서 앞으로 나아갈 방안에 대해 논의할 수 있기를 바랍니다."

당신의 프레젠테이션을 들은 후 청중들이 어떤 행동을 취하기를 원하는가? 행동 촉구를 계획할 때 명심해야 할 사항들은 다음과 같다.

▶ **청중에게 무엇을 바랄 수 있는지 현실적으로 생각하라:** 만약 잠재적 투자자들에게 사업 아이디어를 제안하려 한다면 그들이 즉시 수백만 달러를 투자하리라고 기대하는 건 비현실적이다. 보다 실현 가능한 행동 촉구는 투자에 대해 이야기할 수 있는 두 번째 미팅을 제안하는 일이다. 또는 10%만 투자한 후 당신의 회사가 진행하는 과정을 보면서 완전한 투자를 결정하라고 해야 한다. 어떤 경우든 당신이 현실적인 행동을 촉구한다는 점을 명확히 해야 한다.

▶ **단 하나의 행동 촉구만 포함시켜라:** 너무 많은 선택지를 제안하여 청중들을 얼어붙게 하지 마라. 오직 하나의 명확하고 강력한 행동만 촉구하라. 나는 워크숍 말미에 20개의 할 일 리스트를 주는 대신 내 웹사이트에 들어와서 무료 뉴스레터의 구독을 신청하라는 단 하나의 행동만 주문한다. 그러면 이후에도 뉴스레터를 통해 그들과 지속적인 관계

를 추구할 수 있다.

보통 첫 프레젠테이션은 앞으로 있을 더 많은 이메일, 회의와 프레젠테이션의 일부가 된다. 당신의 세일즈 프레젠테이션은 고객이 최종적으로 구매하기 전에 있을 두 번째, 세 번째 프레젠테이션으로 연결된다. 하지만 다음 단계에 대한 무거운 짐을 고객에게 지우는 대신 그들이 취할 수 있는 단 하나의 단계만 제시한 후 나머지 프로세스로 이끌도록 하자.

에이미 커디는 바디 랭귀지에 대한 TED 강연에서 청중들에게 파워 포즈를 취해볼 것을 독려하면서 연설을 맺는다(http://2url.kr/arc8). 또한 "과학을 퍼뜨려라"는 명확한 다음 단계를 주문한다.

> "그래서 저는 여러분이 파워 포즈를 취해보고 그 과학을 주변 사람들과 나누기를 바랍니다. 간단한 일이예요. 저는 별로 이기적인 사람이 아닙니다. (웃음) 그런 건 버리자고요. 그것을 사람들과 공유합시다. 왜냐하면 그걸 가장 잘 쓸 수 있는 사람들은 가진 것 없고 기술도 없고 어떤 위상이나 권력도 없는 사람들이기 때문입니다. 그걸 모두에게 줘서 스스로 할 수 있게 합시다. 자신의 몸과 프라이버시, 2분의 시간만 있으면 그들의 인생에 매우 큰 변화를 가져올 수 있습니다. 감사합니다."

당신의 스피치가 원하는 확실한 다음 단계는 무엇인가?

**이점을 팔아라**

청중들이 당신의 연설에서 얻은 지혜를 활용해 얻었으면 하는 이점은 무엇인가?

앤디 퍼디컴은 TED 강연에서 청중들이 10분간의 마음 챙김을 실천하도록 독려한다(http://bit.ly/14jBNcv). 그는 자신의 혼재 상태에 10분간만 집중하면 얻게 될 이익에 대해 강조하면서 강연을 마무리한다.

> "여러분이 해야 할 일은 오직 하루에 10분 동안 한 걸음 물러서서 자신의 현재 상태를 받아들이는 겁니다. 그럼 당신의 인생에서 더 집중된 감각, 고요함과 명료함을 경험할 수 있게 될 겁니다."

청중들이 당신의 연설대로 행동하여 얻게 될 이익을 요약하면서 스피치를 마무리하도록 해보라.

**TED 요약**

당신의 연설을 아래와 같이 마무리하라.
- 마무리한다는 신호를 보내라.
- 핵심 주장을 요약하라.
- 강연장과 연결시켜라.
- 더 나은 미래를 위한 희망을 제시하라.
- 명확한 행동 촉구를 제공하라.
- 이점을 팔아라.

# Part 2

# 예기치 않게
# UNEXPECTED

지루한 강연은 뒤가 뻔히 보인다. 반면에 뛰어난 강연자는 다른 사람들과 달리 뭔가 예기치 않은 행동이나 말을 통해 청중들의 관심을 휘어잡는다. 이번 파트에서는 교묘한 속임수 없이도 예기치 않은 모습으로 청중들에게 주목받을 수 있는 방법을 배우게 될 것이다. 보다 구체적으로 '예기치 않음'을 더하는 방법들은 다음과 같다.

- 놀라운 통계와 사실을 이용해 청중들의 관심 사로잡기
- 청중들에게 새로운(또는 뻔하지 않은) 뭔가를 제안하기
- 경탄의 순간 창조하기

TED

# 7

# 통계를 이용해
# 주의를 끌어라

놀라운 통계를 이용하는 건 청중들의 관심을 끄는 데 매우 효과적인 방법이다. 스타 셰프 제이미 올리버가 2010년 TED 강연에서 놀라운 통계로 관객들의 관심을 빼앗은 기술을 살펴보자(http://bit.ly/13KIi7f).

"슬프게도, 앞으로 제가 말하는 18분 동안 4명의 미국인들이 그들이 먹는 음식 때문에 사망하게 될 겁니다."

와우. 이 얼마나 강력하고 쇼킹한 통계인가! 이 통계를 더욱 강력하게 만드는 점은 제이미가 통계를 청중들의 눈높이에서 소개했다는 것이다. "11만 7천명의 미국인들이 매년 그들이 먹는 음식 때문에 사망합니다."라고 말하는 대신 숫자를 훨씬 소화하기 쉽게 이야기했다. 1년은 매우 긴 시간이므로 제이미는 TED 강연 시간에 맞춰 통계 숫자를 해부한 것이다. 강연 시간 동안의 사망자 수를 부각시키니 상황이 더욱 심각하게 느껴진다. 이렇게 청중들로 하여금 그들이 지금 앉아있는 곳에서 사건이 벌어지는 듯한 인식을 주는 것이다.

더구나 11만 7천명의 사망자라는 숫자는 선뜻 다가서기 어렵다. 통계 수치가 너무 커지면 사람들은 동감하기보다 그 상황에 무관심해지기 쉽다. 하지만 4명은 상상하고 이해할 수 있을만한 숫자이고 그 결과 청중들은 개선 가능하다는 희망을 갖게 되는 것이다.

이제 연설에서 통계를 사용할 수 있는 다른 방법들을 살펴보자.

빌 게이츠의 자산 규모에 대한 기사를 재미있고 기억에 남을 만한 방식으로 써야 한다면, 당신은 어떻게 쓸 것인가? 물론 「포춘」지 웹사이트를 보고 빌 게이츠의 자산이 400억 달러에 이른다고 인용할 수 있겠지만, 「월스트리트 저널」의 기자들이 하듯이 독자들과 통계를 관련지어서 훨씬 머릿속에 '달라붙도록' 만드는 훨씬 더 효과적인 방법이 있다.

당신 회사의 빠른 기술 혁신 속도에 대해 강연을 해달라는 요청을 받으면 당신은 무슨 말을 할 것인가? 회사의 조사 연구비용과 투자수익률을 화려한 그래프와 일러스트로 보여줄 수도 있겠지만, 인텔(Intel)의 CEO 폴 오텔리니에게서 훨씬 간단한 기술을 배울 수 있다.

만약 당신이 재정 적자가 위험 수준에 이른 국가의 리더로서 지금 상황을 국민들에게 알려야 한다면 무슨 말로 국민들에게 소비를 자제해 달라고 요청할 것인가? 이런저런 경제 지표를 내뱉는 대신 드와이트 아이젠하워 대통령이 사람들의 마음을 장악하는 데 사용했던 시각적 통계자료를 쓰는 게 나을 것이다.

하지만 설득력 있는 메시지를 창조하기 위해 통계를 사용하는 다양한 방식을 살펴보기 전에 먼저 다음 문제를 짚고 넘어갈 필요가 있다.

### 신뢰도 vs 기억도

다음의 두 통계를 보자.

(A) 2009년에 1,265,000명 이상이 중국에서 흡연으로 사망했다.
(B) 매일 거의 2,000명이 중국에서 흡연으로 사망한다.

통계는 당신의 주장을 뒷받침해주고 신뢰를 더하는 훌륭한 수단이다. 이 경우, (A)와 (B) 모두 신뢰도를 더해 주겠지만 (A)가 정확성의 측면에서 더욱 신뢰도가 높다. 하지만 (A)가 (B)보다 사람들에게 더 잘 기억되기는 힘들 것이다.

반대로 (B)는 '기억도'에서 더 낫다. "매일 거의 2,000명이 중국에서 흡연으로 사망한다."라고 말하면 청자들이 기억할 가능성이 더 높은데, 이는 (A)보다 숫자도 더 작고 수도 반올림되었기 때문이다.

그러므로 당신이 만약 신뢰도를 원한다면 정확한 통계를 전하라(하지만 너무 정확할 필요는 없다! 소수점 이하 한 자리면 대부분의 경우 충분하다). 기억에 남는 쪽을 원한다면 더 작은 수를 선택하고(예를 들어 사망자 수를 이야기한다면 매년 대신 매일/시간/분/초 단위를 쓸 것) 기억하기 쉽게 반올림하라.

더 나은 해결책도 있다. 다음과 같은 문장으로 신뢰도와 기억도 두 마리 토끼를 다 잡을 수도 있다.

> "2009년에 1,265,000명 이상이 중국에서 흡연으로 사망했다. 다시 말하면, 거의 2,000명이 매일 흡연으로 사망했다는 뜻이다."

이렇게 (A)의 신뢰도와 (B)의 기억도를 모두 얻을 수 있다.

신뢰도와 기억도를 동시에 얻는 또 다른 방법은 '분수'를 이용하는 것이다. 다음의 두 가지 통계를 보자.

> (C) 영국인의 66.7%가 컴퓨터에 접속한다.
> (D) 영국인의 3분의 2가 컴퓨터에 접속한다.

위에서 (C)는 신뢰도가 높지만 (D)는 신뢰도와 기억도 모두를 만족시킨다. (D)는 (C)를 단지 분수로 표현한 것으로 여전히 정확하고 기억도 용이하다. 분수로 나타내면 퍼센티지로 표현했을 때보다 기억하기가 쉽다.

믿을만하고 기억하기 좋은 통계를 쓰면 당신의 관점이 수용되고 기억될 것이다. 이제 통계를 청자들과 연관지어 더욱 '끈끈하게' 만드는 방법을 살펴보도록 하자.

### 통계를 청중들과 관련지어라

통계를 효율적으로 활용하는 방법 중 하나는 청중들과 관련짓는 것이다. 앞서 잠깐 언급한 빌 게이츠의 사례로 돌아가보자. 「월스트리트 저널」의 기자는 게이츠의 자산을 일반 독자들과 이렇게 연계시켰다(원래 기사를 내 방식대로 골라 적은 것으로 기술이 사용된 요점만 익히면 된다).

> "당신이 평균적인 연봉을 받는 월급쟁이라고 합시다. 그리고 주말에 아내와 같이 영화를 보러 갑니다. 이제 당신이 표를 사러 줄을 서 있는 동안 당신이 보려고 하는 영화표를 구입하려는 빌과 멜린다 게이츠 부부를 보게 됩니다. 다만 둘의 차이는 이겁니다. 만약 당신의 자산 중에서 영화표 값이 차지하는 비중과 같은 비율로 빌 게이츠가 영화표를 사야 한다면, 그가 내야 할 가격은 무려 1천9백만 달러라는 겁니다!"

이 통계가 효과적인 이유는 청자와 직접적으로 연계되기 때문이다. 통계가 비교하는 대상이 바로 '나 자신'인 것이다. 400억 달러란 돈이 엄청나게 큰 액수임은 알고 있지만 피부에 와 닿는 표현은 아니다. 이렇게 '통계를 청중과 연결시킨다'는 전략은 청중의 맥락에서 통계를 더욱 흥미롭고 임팩트있게 만든다.

또 다른 예를 살펴보자. 영화 〈코치 카터〉에서 카터 코치가 통계를 언급하는 대사다.

> "이 나라 18세에서 24세 흑인 남성 중 33퍼센트는 경찰에 체포되지. 자 이제 네 왼쪽에 있는 녀석과 오른쪽에 있는 녀석을 한번 보라고. 너희들 중 한 명은 곧 체포된단 말이야."

카터 코치는 듣는 사람의 현실에 맞게 통계를 이용한 것이다.
통계를 청중과 연결시키면 지루한 통계도 청중들의 마음에 강력하게 각인될 수 있다.


### 비교와 대조를 이용하라

이 기술은 청중의 눈높이에 맞게 통계를 활용하는 것과 비슷하다. 하지만 직접적으로 듣는 사람과 연계된다기보다 유추처럼 대상을 좀 더 친숙한 주변 환경의 것과 비교한다는 점이 다르다.

당신이 신기술에 약한 사람이라고 해보자. 테크놀로지에는 젬병이다. 하지만 당신의 아들이 억지로 당신을 인텔의 CEO인 폴 오텔리니의 강연에 끌고 갔다. 그 강연이 재미있을 것이란 생각은 하지 않았지만 오텔리니의 쉬운 비유 덕에 당신은 기술이 얼마나 빨리 발전하고 있는지 약간은 이해할 수 있게 됐다. 오텔레니는 당신이 훨씬 이해하기 쉽도록 기술 혁신을 자동차와 비교/대조하여 다음과 같이 설명했다.

"오늘 우리는 32-나노미터 프로세스 기술을 업계에 처음 도입하게 되었습니다. 32-나노미터 마이크로프로세서는 5천 배 빨라졌고 그 트랜지스터는 기존의 4004 프로세서보다 10만 배 더 싸졌습니다. 자동차 업계의 동료들께는 죄송한 말씀이지만, 만약 그들이 이러한 혁신적 제품을 생산했다면 오늘날 자동차는 시간당 75만 6천 킬로미터로 달리고 있을 겁니다. 그럼 16만 킬로미터를 3.8리터의 석유로, 단 3센트의 비용으로 갈 수 있단 말이지요."

오텔리니는 기술 용어와 통계('마이크로프로세서가 5천 배 더 빨라졌다')를 사용하면서 나노미터 마이크로소프트웨어의 기술적 혁신을 자동차에 비유했다. 당신이 만약 마이크로프로세서에 대해 잘 모른다고 해도 당신이 이해할 수 있는 범주에서 그 통계를 대충 이해할 수 있을 것이다. 또한 마이크로프로세서의 발전상을 자동차 업계와 비교함으로써 오텔리니는 통계를 놀랍고 흥미롭게 활용해냈다.

### 시각화하라

통계를 시각화하는 것이 가능한가?

1958년 아이젠하워 대통령은 10억 달러의 재정 적자에 대해 중대한 발표를 해야 했다. 빌 게이츠의 400억 달러를 보다 '현실적으로' 표현한 「월스트리트 저널」의 기자처럼, 아이젠하워도 시각화를 통해 통계로 충격을 주는 현명한 방식을 찾아냈다.

"이 적자를 이해하려면, 1달러 지폐 10억 장을 바닥에 쭉 깔아놓는다고 상상해 보세요. 그럼 그 길이가 달까지 갔다가 다시 돌아오고도 남는다는 얘깁니다!"

1달러 지폐들을 이어서 달까지 갔다가 되돌아올 수 있다니 놀라운 광경일 것이다. 단지 10억 달러 적자에 대한 통계를 제시하는 것보다 훨씬 흥미롭고 기억되기 쉬운 활용법이다.

**TED 요약**  통계를 활용해 주의를 이끌어라. 당신의 통계에 임팩트를 가하는 기술들은 다음과 같다.
- 통계를 청중과 관련지어라.
- 비교하고 대조하라.
- 시각화하라.

TED

# 8

# 청중에게
# 새로운 것을 제시하라

정말 지루해지는 가장 확실한 방법은 완전히 예측 가능하게 만들어 버리는 것이다. 만약 청중들이 당신이 무슨 말을 할지 이미 다 알고 있다면 도대체 그들이 집중해야 할 이유가 있겠는가?

앞부분에서 우리는 예측 가능해지는 걸 피하는 2가지 방법을 논한 바 있다. 첫째는 예측 가능한 "저를 초대해주셔서 감사합니다"식의 오프닝 피하기, 둘째는 놀라운 통계를 활용해 청자의 관심을 놓치지 않기였다. 이외에도 당신의 프레젠테이션을 뻔하지 않게 만드는 몇 가지 방법들이 있다.

### 새로운 것에 대하여 이야기하라

프라나브 미스트리는 그의 TED India 강연에서 육감 기술(SixthSense technology)의 놀라운 가능성을 이야기하여 기립 박수를 받았다(http://bit.ly/10glIyx). 그는 어떻게 사람들이 육감 장비를 이용해 어디서나 인터넷을 사용하고 손바닥 위에 전화 키패드를 만들 수 있는지를 설명함으로써 청중들이 미래를 엿볼 수 있게 했다. 그 장비는 공상과학 영화에서나 보던 물건으로 우리가 디지털 세계와 교류하는 방식을 완전히 바꿔놓는 것이었다. 프라나브는 새롭고 흥미로운 주제를 가지고 시작부터 청중들을 휘어잡았다.

당신에게도 이렇게 새롭고 재미있는 말할 거리가 있는가? 없다 해도 너무 걱정하지 마라! 다른 강연자들도 대부분 마찬가지니까. 좋은 소식은, 뻔히 예측되는 걸 피할 수 있는 방법들이 있다는 점이다.

### 낡은 주제를 새로운 시각에서 바라보라

당신이 다루고자 하는 주제가 이미 흔한 것이라면 변화를 줘서 새로운 관점에서 바라보도록 해보자. 예를 들어 바디 랭귀지는 아주 흔한 소재다. 사람들의 몸짓을 어떻게 읽을 것인가에 대해선 이미 수백 수천 번의 강연이 있었다. 에이미 커디의 TED 강연은 새로운 관점에서 바디 랭귀지에 접근했다(http://2url.kr/arc8). 그녀는 사람들의 신체 언어가 자신들의 감정에 미치는 영향에 대해 이렇게 이야기했다.

"비언어적 표현에 대해 생각할 때 우리는 내가 타인을 어떻게 판단하는지, 또 타인이 나를 어떻게 판단할지와 그에 따른 결과만을 생각합니다. 하지만 쉽게 간과하는 것은 우리의 비언어적 표현에 영향을 받는 것은 타인뿐 아니라 바로 우리 자신도 포함된다는 것입니다."

### 일반적인 통념에 반대하라

목표 설정의 중요성에 대한 강연은 인터넷에 수천 개도 넘게 검색된다. 목표 설정이 성공을 돕는다는 건 일반적인 통념이다. 하지만 만약 그게 사실이 아니라면? 일부 전문가들이 생각하듯이 최고의 목표는 목표를 세우지 않는 것이라면?

관습적 통념에 반하는 것은 청중을 스피치에 끌어들이는 훌륭한 방법이다. 당신이 생각지 못한 입장을 보이기 때문에 청중은 당신이 무슨 말을 할지에 관심을 갖게 되고 왜 그런 말을 할까 궁금해 하게 된다. 물론 당신이 틀렸다고 생각하는 통념에 대해서만 반대 입장을 취해야 할 것이다.

다양한 선택이 더 많은 행복을 가져다준다는 것 또한 일반적인 생각이다. 당신이 선택할 수 있는 음식이 다양해야 결정을 내릴 때 더 만족할 수 있을 것이다. 투자할 곳이 많을수록 더 행복할 것이다. 그런가?

배리 슈워츠는 그의 매혹적인 TED 강연을 통해 선택지가 너무 많으면 소비자들이 결정을 내릴 때 혼란스러워하고 선택 후에도 덜 행복감을 느낀다고 주장했다(http://bit.ly/10glGqx). 그의 주장은 조사와 사례 연구로 뒷받침됐다. 그 강연이 주목을 끈 이유는 주제에 대한 청중의 관점을 바꿔놓고 낡은 주제에 대해 새로운 시각을 제시했기 때문이다.

당신은 이렇게 생각할 수 있다. "저기요, 만약 내가 새롭게 이야기할 거리가 없으면 어떻게 하죠? 어떤 혁신적인 걸 끄집어낼 수 없으면요? 내가 다루고자 하는 주제가 이미 다른 많은 강연자들이 전에 말한 적이 있다면요? 기존 통념이 옳아서 거기에 반대할 수가 없다면요?" 다시 말하지만, 걱정할 필요 없다. 당신의 프레젠테이션을 뻔한 예측에서 구해줄 2가지 방법이 더 있으니까.

### 학술 연구에서 이야기를 끄집어내라

학술적인 연구 성과에는 놀라운 이야기들이 많이 숨어있다. 하지만 이들 이야기의 대부분은 그 연구 집단 내에서만 공유되는 경우가 많다. 당신이 두꺼운 학술 연구 자료를 헤집을 결심만 한다면, 프레젠테이션과 스피치에서 청중들에게 제공할 훌륭한 이야깃거리와 통계를 발굴해낼 수 있을 것이다.

베스트셀러 저자인 말콤 글래드웰은 학술 연구에 혼을 불어넣는 데 전문가이다. 내가 좋아하는 글래드웰의 책 『첫 2초의 힘 블링크』(21세기북스, 2005)와 『티핑 포인트』(21세기북스, 2004)는 학술적 연구 자료들에서 건져 올린 이야기들을 잘 활용하고 있다.

'선택, 행복과 스파게티 소스'라는 제목의 TED 강연에서 글래드웰은 하워드 모스코비츠 박사의 이야기를 활용한다(http://2url.kr/arcB). 이 이야기는 정신물리학 분야에선 유명하지만 일반인들에게는 잘 알려져 있지 않았다. 글래드웰은 자신의 TED 강연을 통해 이 이야기를 청중들과 함께 나눴다. 다음은 글래드웰의 강연 내용 중에서 짧게 발췌한 것이다.

...그래서 저는 대신, 제가 생각하기로는 지난 20년 동안 누구보다도 미국인을 행복하게 하는 데 공헌한 사람에 대해 이야기하려 합니다. 이분은 제 개인적인 영웅이기도 합니다. 하워드 모스코비츠는 스파게티 소스를 재발견한 것으로 가장 유명합니다.

하워드는 대략 이만한 키에 통통하고, 60대에 큰 안경을 쓰고, 머리칼은 가늘고 회색이며, 놀라운 활력의 소유자입니다. 갱무새를 키우고 오페라를 사랑하며 중세 역사 애호가이기도 합니다. 그리고 그의 직업은 정신물리학자입니다. 이제 저는 제가 정신물리학자란 어떤 일을 하는지 전혀 아는 바가 없다는 사실을 말해야겠군요. 비록 제 인생에서 언젠가 정신물리학 박사 과정을 밟고 있던 여성과 2년간 데이트한 적이 있긴 했지만요. 그 관계가 어땠는지 짐작하시겠죠. (웃음)

제가 아는 한, 정신물리학은 사물을 측정하는 일입니다. 그리고 하워드는 측정하는 일에 매우 관심이 많았습니다. 그는 하버드에서 박사학위를 받았고 뉴욕주 화이트 플레인에 작은 컨설팅 회사를 차렸습니다. 그의 첫 번째 고객 중 하나는 – 1970년대 초의, 아주 오래전 일입니다 – 바로 펩시(Pepsi)였습니다. 펩시의 고객이 하워드에게 와서 이렇게 말했습니다. "아스파탐(aspartame)이라는 새 물질이 있어요. 우리는 다이어트 펩시를 만들고자 합니다. 다이어트 펩시 한 캔에 얼마만큼의 아스파탐을 넣어야 완벽한 음료가 될지 알고 싶습니다." 자 이쯤 되면 굉장히 직설적으로 답을 구하는 질문처럼 보이네요. 하워드도 그렇게 생각했습니다. 펩시는 이렇게 말합니다. "우리는 8~12% 사이에서 고민 중입니다. 8퍼센트 이하는 충분히 달지 않고, 12퍼센트 이상이 되면 너무 달죠. 우리가 알고 싶은 건 8~12% 중 가장 달콤한 퍼센트가 얼마냐 하는 겁니다." 이제 제가 여러분에게 이 문제를 낸다면, 아마 모두들 아주 간단하다고 답할 겁니다. 우리가 할 일은 펩시콜라를 가지고 큰 실험을 준비하는 겁니다. 당도의 매 단계마다 – 8퍼센트, 8.1, 8.2, 8.3... 계속해서 12까지 – 수천 명의 사람들을 대상으로 실험해서 가장 사람들이 선호하는 지점을 그래프로 표현하는 겁니다. 됐죠? 참 쉽군요.

하워드는 이 실험으로 얻은 데이터를 그래프로 그렸지만 이상적인 종형 곡선이 나오지 않는다는 걸 알아챘습니다. 사실 그 데이터는 말이 안 되는 거였죠. 온통 혼란이었습니다...

## 흥미로운 사람들을 인터뷰하라

훌륭한 스토리를 찾기 위해 반드시 학술 연구물을 헤집어야 하는 건 아니다. 물론 그렇게 하면 상대적으로 사람들에게 덜 알려진 재미있는 이야기를 찾을 순 있겠지만 말이다. 대신 당신의 친구나 가족, 당신이 인터뷰한 사람들에 대한 이야기를 들려주면 된다. 켄 로빈슨은 TED 강연에서 그가 자신의 책을 쓰기 위해 인터뷰한 안무가 질리언의 이야기를 나누었다.

...어쨌든, 질리언과 어느 날 점심 식사를 하면서 제가 물었습니다. "질리언, 당신은 어떻게 댄서가 됐죠?" 그녀는 재미있었기 때문이라고 답했습니다. 학생 시절(30년대였죠) 그녀는 정말 답이 없는 아이였습니다. 학교에서 그녀의 부모님에게 보낸 편지에는 이렇게 쓰여 있었습니다. "저희가 보기엔 질리언에게 학습 장애가 있습니다." 그녀는 집중하지 못했고, 안절부절 못했습니다. 요즘 식으로 말하면 그녀가 ADHD(주의력 결핍 장애)라는 말이었을 겁니다. 하지만 그 땐 1930년대였고 아직 ADHD란 용어가 사용되기 전이었죠. 가능한 상황이 아니었습니다. (웃음) 사람들은 그들에게 주의력 결핍 장애가 있을 수 있다는 점조차 알지 못했죠.

그래서 그녀는 전문가를 찾아갔습니다. 떡갈나무로 마감한 방의 의자 한켠에 앉아 그 전문가가 질리언이 학교에서 겪는 문제들에 대해 어머니와 20분 동안 이야기하는 걸 손을 모으고 들었습니다. 그녀가 불안정한 아이라서 항상 숙제를 늦게 하는 거라는 등의 야기 끝에 의사는 8살인 질리언의 옆에 앉아 말했습니다. "질리언, 어머니에게 모든 이야기를 들었단다. 이제 어머니와 단둘이 얘기해야겠구나." 그리고 그는 말을 이었습니다. "여기서 기다리렴. 곧 돌아올 거야. 그리 오래 걸리지 않을 거다." 그리고 그녀를 남겨둔 채 나가버렸죠. 의사는 방을 나가자마자 자신의 책상에 앉아 라디오를 틀고는 어머니에게 말했습니다. "가만히 서서 아이를 지켜보세요." 방에 혼자 남은 질리언은 바로 일어서서 음악에 맞춰 몸을 움직였습니다. 몇 분간 지켜본 후 그는 어머니에게 돌아서서 말했습니다. "린 부인, 질리언은 아픈 게 아닙니다. 이 애는 댄서예요. 아이를 댄스 학교에 보내세요."

내가 물었습니다. "그래서 어떻게 됐나요?" 그녀가 답했죠. "엄마는 그렇게 하셨어요. 그게 얼마나 멋진 일이었는지 지금도 말로 다 표현할 수 없어요. 우리는 방으로 걸어 들어갔는데 거기엔 나 같은 사람들이 많았어요. 가만히 앉아 있는 사람은 없었죠. 생각하기 위해서는 몸을 움직여야 하는 사람들이었어요." 생각하려면 몸을 움직여야 하는 사람들이라... 발레, 탭댄스, 재즈댄스, 모던댄스를 췄던 거죠. 그녀는 결국 로열 발레 스쿨의 오디션을 봤고 솔리스트가 됐습니다. 로열 발레단에서 대단한 경력을 쌓게 됐죠. 로열 발레 스쿨을 졸업하고는 자신의 회사 – 질리언 린 댄스 컴퍼니 – 를 세우고 앤드류 로이드 웨버를 만나게 됩니다. 이렇게 그녀는 역사상 가장 성공적인 뮤지컬 제작사를 운영하면서 수백만의 사람들에게 기쁨을 주었고 백만장자가 됐습니다. 만약 그 때 그녀에게 처방전을 주면서 조용히 하라고 했다면 결과는 어떻게 됐을까요?

## 자기 자신의 이야기를 이용하라

마지막으로, 자신의 이야기도 낡은 주제에 생명을 불어넣는 최선의 방법 중 하나가 될 수 있다. 닳고 낡은 소재라도 당신이 직접 경험한 이야기를 더하면 새로운 관점이 부여되기 때문이다. 예를 들어, 레슬리 모건 스타이너는 가정 폭력에 관한 TED 강연에서 자신의 이야기를 나눔으로써 따분한 주제에 재미와 감정을 더했다.

"저는 22살이었어요. 막 하버드 대학을 졸업했을 때였죠. 「세븐틴」매거진의 에디터로 취직하면서 뉴욕으로 이사했습니다. 첫 아파트를 장만하고, 처음으로 아메리칸 익스프레스 카드를 갖게 되고 매우 큰 비밀을 가지게 됐죠. 그건 내가 소울메이트라고 생각했던 남자가 총알이 장전된 권총으로 제 머리를 여러 번 겨눴다는 겁니다. 제가 그 누구보다 사랑했던 남자는 제 머리에 총을 대고 셀 수도 없이 여러 번 저를 죽이겠다고 협박했습니다."

**TED 요약**

다음의 방법으로 뻔하고 지루한 프레젠테이션에서 벗어나라.

- 새로운 것에 대하여 이야기하라.
- 낡은 주제를 새로운 시각에서 바라보라.
- 일반적인 통념에 반대하라.
- 학술 연구에서 이야기를 끄집어내라.
- 흥미로운 사람들을 인터뷰하라.
- 자신의 이야기를 이용하라.

TED
# 9

## 경탄의 순간을 창조하라

청중들에게 기억되는 연사가 되려면, 청중들이 한 달 후에도 당신의 프레젠테이션에 대해 이야기하길 원한다면 당신에게는 경탄의 순간, '와우 모멘트(Wow-moment)'가 필요하다. 뻔하고 지루한 스피치를 벗어나려면 청중들이 놀라 입이 딱 벌어지는 순간을 만들어내야 한다.

프라나브 미스트리는 TED 강연에서 가상 세계와 현실의 통합을 보여주는 혁신적인 육감 기술을 선보임으로써 경탄의 순간을 창조했다.

그렇다고 당신이 청중들을 열광시키기 위해 놀라운 기술을 시연해야만 하는 건 아니다. 스티브 잡스는 맥월드 2008 프레젠테이션(http://bit.ly/12PdiBe)에서 맥북이 "서류 봉투에도 들어갈 정도로 얇다"고 말하면서 누런 사무용 봉투에서 새 맥북 에어 제품을 꺼내어 보여줬다. 청중들에게서 박수갈채와 탄성이 쏟아져 나왔다. 그 순간이 행사의 하이라이트가 되었다. 수많은 블로그에 글이 올라오고 기자들은 그에 관한 기사를 썼으며 팬들은 열광했다. 이 장면을 찍은 사진의 인기는 굉장했다. 사진은 천 마디 말보다 가치 있고, 드라마틱한 연출은 천 장의 사진보다 강하다.

다른 와우 모멘트의 예를 찾아보자면, 질 테일러 박사가 TED 컨퍼런스에서 실제 뇌를 사람들 앞에서 보여준 장면을 들 수 있다.

"만약 여러분이 인간의 뇌를 본 적이 있다면 두 개의 반구가 정확히 나뉘어 있음을 알 수 있을 겁니다. 여기 제가 여러분을 위해 진짜 인간의 뇌를 가져왔습니다. 이것이 실제 뇌입니다."

사람들이 '헉'하고 놀라는 소리가 들리는가. 블로거들은 테일러 박사의 이 와우 모멘트를 놀라워하며 실어 날랐고, 덕분에 나도 우연히 그 강연 장면을 보게 됐다. 당신이 청중을 열광시킬 수 있는 일은 무엇인가? 청중의 경탄을 자아낼 당신만의 열쇠를 찾아야 한다.

---

**TED 요약**

지루하고 뻔한 강연을 피하려면,
- '와우 모멘트'를 창조하라.
- 뛰어난 제품이나 도구를 사용해 당신의 아이디어를 강화하라.
- 청중들을 흥분시킬 방법을 찾아라.

# Part 3

# 구체적으로
## Concrete

최고의 프레젠테이션이라면 모호해서는 안되고 구체적이어야 한다. 세부적인 것까지 제시하여 청중들의 마음속에 선명한 이미지를 각인시켜야 하는 것이다. 그래야 추상적인 개념이 구체적인 아이디어로 변환될 수 있다.
이번 파트에서는 다음의 방법들을 통해 메시지를 구체화하는 법을 익히게 될 것이다.

- 구체적이고 명확한 언어를 사용하라.
- 세부 디테일을 제시하여 캐릭터에 생명을 불어넣어라.
- 감각 정보를 사용해 이야기를 감동적인 영화로 만들어라.
- 유추, 은유를 활용해 추상적 아이디어를 이미지화하라.

TED

# 10

## 구체화하라

 

옛날 옛적 어느 마을에 양치기 소년이 있었다. 소년은 언덕 기슭에 앉아 양을 돌보는 일이 지겨워져서 심심풀이로 크게 소리를 질렀다. "늑대다! 늑대다! 늑대가 나타났어요!"

마을 사람들이 소년을 도와 늑대를 쫓아내기 위해 달려왔다. 하지만 그들이 언덕에 도착했을 때 늑대는 없었다. 소년은 사람들의 일그러진 얼굴을 보며 박장대소했다.

"늑대도 없는데 왜 거짓말하니!" 마을 사람들은 툴툴대며 언덕을 내려갔다.

얼마 지나서, 소년은 또 소리치기 시작했다. "늑대다! 늑대다! 늑대가 양들을 잡아먹으려고 해요!" 그리고 소년은 다시금 늑대를 쫓으려 달려오는 마을 사람들을 바라보며 즐거워했다.

이번에도 늑대가 없자 사람들은 단호하게 말했다. "정말 큰일이 벌어질 때를 대비해서 그렇게 함부로 소리 지르지 마라. 늑대가 나타나면 소리치라고!"

하지만 소년은 터덜터덜 언덕을 내려가는 사람들의 뒷모습을 바라보며 고소한 듯 씩 웃었다.

마침내, 이번엔 진짜 늑대가 나타나서 양떼 근처에서 어슬렁거리기 시작했다. 깜짝 놀란 소년은 펄쩍 뛰며 큰 소리로 고래고래 외쳤다. "늑대다! 늑대가 나타났어요!"

하지만 사람들은 이번에도 양치기 소년이 자신들을 속이려는 줄 알고 달려오지 않았다.

저녁이 됐는데도 양떼와 소년이 마을로 돌아오지 않자 사람들은 언덕으로 몰려갔다. 거기엔 소년이 홀로 남아 울고 있었다.

"정말 늑대가 나타났다고요! 양떼는 다 흩어져 버렸고요! 제가 소리 쳤잖아요, 늑대라고. 왜 아무도 오지 않았죠?"

한 노인이 소년을 달래면서 마을로 되돌아갔다. "내일 같이 사라진 양들을 찾으러 가자꾸나." 노인은 어깨에 손을 얹으며 말했다. "한번 거짓말쟁이로 찍히면, 사실을 말해도 아무도 믿지 않는단다."

이 우화는 이솝이 쓴 '양치기 소년 이야기'이다. 이솝 우화는 아주 흡인력 있는 스토리들 중 하나이다. '토끼와 거북이', '여우와 포도', '황금알을 낳는 거위' 같은 이솝의 다른 이야기도 들어본 적이 있을 것이다. 2,500년 전에 탄생한 이 우화가 어떻게 시간을 견디고 아직도 강한 흡인력이 있는 것일까? 이 우화에서 흡인력 있는 프레젠테이션에 대해 무엇을 배울 수 있을까?

이솝 우화가 흡인력이 있는 이유는 구체성이다. 아이디어가 당신의 마음속에서 살아 숨쉬게 하는 이미지를 제공한다. 예를 들어 상상 속에서 당신은 소년을 보고, 소년의 외침을 듣고, 사람들을 속일 때 그가 느끼는 기쁨을 느낀다. 이 이야기는 구체적인 감각적 정보를 풍부하게 담고 있는 것이다. 세부 사항들을 제공하여 마음의 눈으로 생생한 그림을 그릴 수 있게 해준다. 이런 세부 요소들이 이야기를 기억하게끔 만드는 것이다.

구체적인 사항들을 제공하는 일, 이것이 탄탄한 프레젠테이션을 만드는 첫 번째 팁이다. 구체적인 언어로 청자들의 마음속에 생생한 이미지를 그려내라. 구체성은 기억을 돕는다. 추상적인 개념은 쉽게 잊어버리기 마련이다. 탄탄한 아이디어가 구체적인 사항들을 기억하게끔 한다. 당신의 프레젠테이션과 스피치에서 이렇게 구체적인 세부사항들을 제공해야 한다. 예를 들면, "몇 년 전에…" 대신 "3년 전" 혹은 "2010년에"라고 말하라.

질 볼트 테일러 박사의 TED 강연은 다음과 같이 이 구체성의 원칙을 실현하고 있다.

"그러나 1996년 12월 10일 아침에 잠에서 깨서 저는 뇌에 이상이 생겼음을 알아차렸습니다."

이 표현을 다음과 비교해보자. "몇 년 전 어느 아침에 일어나면서 저는 뇌에 이상이 생겼음을 알아차렸습니다." 어느 쪽이 더 강렬한가?

마찬가지로, "저는 멋진 호텔에 머무르고 있습니다" 대신 "팜비치에 있는 리츠-칼튼 호텔의 201호에 머무르고 있습니다"라고 말하라. 구체적인 사항을 제공해야 묘사가 생생하게 느껴진다는 점이 와 닿는가? "팜비치의 리츠-칼튼 호텔"이란 표현이 단순히 "멋진 호텔"에 비해 완전히 다른 분위기를 준다는 점이 느껴지는가? 또한 이 표현은 팜비치 리츠-칼튼 호텔의 세세하고 생생한 분위기를 제시해서 감각 정보를 제공해줌으로써 청중들이 쉽게 기억하게 해준다.

기억에 남는 프레젠테이션과 스피치를 원한다면 청중들의 마음속에 구체적인 디테일을 제공하고 이미지를 그려 넣어라.

**TED 요약**

뻔하고 지루한 프레젠테이션을 피하려면
- 추상적 개념은 쉽게 잊히고
- 구체적인 것은 쉽게 기억되기 때문에
- 될 수 있는 한 구체적이고 생생하게 표현하라.

TED
## 11

# 인물에 생명력을
# 불어넣어라

　훌륭한 스피치는 단순히 듣는 것에 그치지 않고 청중들의 머릿속에서 체험된다. 유명 스피치 강사인 패트리샤 프립은 "청중이 당신이 말하는 모습을 기억한다고 해서 당신이 무슨 말을 했는지 기억하는 것은 아니다"라고 말한다. 당신의 스피치가 사람들에게 기억되고 경험되기를 원한다면 그들의 머릿속에 이미지를 심어야 한다.

　말콤 글래드웰은 하워드란 인물의 세세한 디테일을 묘사함으로써 그의 특징을 생생하게 전달했다.

"하워드는 대략 이만한 키에 통통하고, 60대에 큰 안경을 쓰고 머리칼은 가늘고 회색이며, 놀라운 활력의 소유자입니다. 앵무새를 키우고 오페라를 사랑하며 중세 역사 애호가이기도 합니다. 그리고 그의 직업은 정신물리학자입니다."

글래드웰이 뛰어난 스토리텔러인 이유는 사람의 특징을 생생하게 표현할 줄 알기 때문이다. 사람들이 머릿속으로 그 인물을 그려볼 수 있을 정도로 충분한 감각 정보를 제공하는 것이다.

글래드웰에게서 배울 점 또 한 가지는 그가 말하기보다는 보여준다는 것이다. 하워드가 '앵무새를 키우고 오페라를 사랑하며, 중세 역사 애호가'라는 정보는 당신에게 하워드라는 인물에 대한 힌트를 제공한다. 하워드가 독특한 사람이라고 직접적으로 말하는 것보다 특징적 묘사를 통해 '보여주는' 쪽을 택했다.

마찬가지로 당신이 그리고자 하는 인물이 술주정뱅이라면, "존은 음주 문제가 있다"고 하는 것보다 다음과 같이 보여주듯 말하는 편이 좋다. "존은 매일 퇴근한 후 집에서 맥주 한 병을 땁니다. 그리고 혼자 식탁에 앉아서 한 병 한 병 비워나가다가 한밤중이 되면 빈 술병 십 수개가 나뒹굴고, 결국 식탁에 엎어진 채로 잠이 들어버리지요."

스피치와 프레젠테이션을 할 때 인물에 대한 구체적인 감각 정보를 제공해 청중들의 마음 속 인물에 생명을 불어넣어라. 말보다 '보여주기'의 원칙을 따르는 것이 중요하다.

- 인물의 외양에 대한 디테일을 제공하여 생명력을 불어넣어라.
- 청중들에게 제공된 충분한 감각 정보는 인물들에 대한 이미지를 구축하게 된다.
- 말하지 말고 보여주라.

# TED
# 12

## 당신의 이야기를
## 영화로 바꿔라

마이크 로우는 디스커버리 채널 TV 프로그램 〈더러운 직업들(Dirty Jobs)〉의 진행자이다(http://bit.ly/10gmdsr). '더러운 직업들에서 배운다'는 강연에서 로우는 양을 거세해야 했던 일에 대해 다음과 같이 이야기 했다.

"약 2초 동안 앨버트는 양의 엉덩이 오른쪽 옆으로 꼬리 연골 사이에 칼을 집어넣고 매우 신속하게 꼬리를 잘라내 내가 들고 있는 통에 집어넣었습니다. 바로 다음 엄지와 굳은살이 박힌 집게손가락으로 음낭을 단단히 움켜쥐었죠. 그리고는 이렇게 당겨서 그 끝에 칼을 댑니다. 이제 어떻게 될지 알겠죠, 마이클? 끝부분을 싹둑 잘라낸 선 등 뒤로 던져버리고 음낭을 위로 당기곤 고개를 처박아요. 그게 눈에는 분명히 보이지만 제 귀엔 그저 찍찍이가 끈끈한 벽을 스치듯 스스슥 하는 소리만 들릴 뿐인데..."

역겨운 기분이 드는가? 내가 이 부분을 들었을 때처럼 찡그린 얼굴을 손으로 움켜쥐게 되는가? 영화를 보는 것처럼 이 장면이 머릿속에 그려지는가? 왜 이렇게 이 표현이 당신에게 강렬하게 다가올까?

그 이유는 풍부한 감각 정보로 당신의 마음에 그 장면을 생생하게 새기고 있기 때문이다. 생생한 디테일이 많이 포함되어 있기 때문에 자신도 모르게 이 장면이 마음속에서 재생되는 것이다.

당신의 이야기를 청중들의 마음 속 영화로 바꾸는 열쇠는 풍부한 감각 정보들이다. 당신이 신경 써야 할 정보들은 네 가지다. 시각, 청각, 촉각, 그리고 후각.

로우의 스피치에서 이것들이 각각 어떻게 표현되었는지 살펴보자.

> **시각:** 당신은 이 이야기에서 무엇을 보았는가? 칼과 양의 음낭을 단단히 움켜쥔 남자와 그의 '엄지와 굳은 살 박힌 집게손가락'

> **청각:** 당신이 들은 것은? 찍찍이가 끈끈한 벽을 스치듯 스스슥하는 소리.

> **촉각:** 당신이 느낀 것은 무엇인가? 아마 앨버트가 음경을 단단히 움켜쥔 그 느낌일 것이다. 양의 고통까지 와 닿았을지 모른다(비록 이 장

면에서 구체적으로 묘사되어 있진 않지만).

> **후각:** 무슨 냄새가 나는가? 이 장면에선 냄새에 대한 묘사는 없다. 하지만 후각은 청중을 장면으로 끌어들이는 강력한 기폭제다.

당신의 이야기를 청중들의 마음속에서 영화처럼 재생시키려면 이런 감각 정보들을 포함시켜야 한다. 방금 다룬 예시처럼 반드시 4가지 감각을 모두 활용해야 하는 건 아니지만 적어도 3가지를 다뤄서 청중들이 당신의 이야기를 충분히 경험할 수 있게 하는 것이 좋다.

장면에 대한 묘사가 그리 길 필요도 없다. 당신은 이야기를 하고 있을 뿐 소설을 쓰는 게 아니니까! 사실, 묘사가 짧을수록 당신의 이야기는 더 빨리 전달될 것이며 그 임팩트도 더욱 강렬해질 것이다.

---

**TED 요약**

다음의 감각 정보를 활용해 당신의 이야기를 영화로 바꿔라.
- 시각 – 무엇을 보여줄 것인가?
- 청각 – 무엇을 들려줄 것인가?
- 촉각 – 무엇을 느끼게 할 것인가?
- 후각 – 어떤 냄새를 맡게 할 것인가?
- 가능한 한 많은 감각을 포함하라.
- 묘사는 간결하게 하라.

TED
# 13

## 유추, 은유, 직유를 사용하라

수도승인 앤디 퍼디컴은 자신의 TED 강연에서 마음 수행을 저글링에 비유했다(http://2url.kr/arcD). 세 개의 오렌지색 공을 저글링하면서 그는 다음과 같이 말했다.

> "그러니까 지금처럼 제가 공에 너무 집중하게 되면, 동시에 편안하게 여러분에게 이야기한다는 건 불가능합니다. 마찬가지로 여러분과 대화하는 데 빠져들면 공에 집중할 수가 없지요. 결국 공을 떨어뜨리고 말 겁니다. 이제 우리 인생에서, 명상에서, 집중의 강도가 너무 강해지면 삶이 이런 식으로 느껴지게 되는 겁니다…"

유추(analogy)란 두 가지의 개념 또는 아이디어 사이에 다리를 놓는 일이다. 공유하는 특징들을 짚어내어 두 가지 사이의 유사점을 설명하는 것이다. 앤디 퍼디컴은 생각하는 일을 저글링에 비유했다. 유추는 당신의 아이디어를 탄탄하게 하는 강력한 도구이다. 알지 못하던 아이디어나 사물을 보다 친근한 것에 비교해 이해를 돕는 데 사용할 수 있다. 은유(metaphor)와 직유(simile)도 유추와 비슷하다. 은유란 어떤 것을 또 다른 것을 의미하는 데 사용하여 두 가지를 비교하는 표현 방식이다. 셰익스피어의 다음 은유를 보자.

"전 세계가 하나의 무대다."

유추가 두 가지의 특징을 비교하여 그에 기초한 논리적 논증을 구축하는 반면 은유는 어떤 것을 또 다른 것이라고 표현한다. 작가 웨인 다이어가 사용한 다음 은유를 보자.

"당신의 몸은 영혼이 주차되어 있는 차고이다."

직유는 두 가지 다른 사물을 '~같이'나 '~처럼'이란 표현으로 연결 짓는 비교 방식이다. 마틴 루터 킹 목사의 "나에게는 꿈이 있습니다" 연설에는 다음과 같은 직유가 등장한다.

"정의와 공정함이 웅장한 강물처럼 흐를 때까지..."

앤디 퍼디컴도 TED에서 이런 직유를 쓴 바 있다.

"다들 아시잖아요. 마음속에서 어지럽고 혼란한 감정들이 세탁기처럼 빙글빙글 돌아가고 우리는 그걸 어떻게 다스릴지 몰라서 쩔쩔매게 됩니다. 슬프게도 정신이 너무나 산만해져서 우리는 지금 살고 있는 세계에 제대로 머무르지 못하게 되는 것이죠."

그는 직유법으로 명상을 아스피린에 비교한다.

"제 생각에 그건 마음을 위한 아스피린 같은 겁니다. 스트레스를 받으면 당신은 명상을 하게 되죠."

당신만의 비유를 만들어내려면 스스로에게 이런 질문을 던져보라. "이 아이디어를 무엇과 비교할 수 있을까? 그 주요한 특징은 무엇이며 다른 어떤 개념과 유사할까?"

- 유추, 직유, 은유를 사용해 당신의 스피치를 더욱 탄탄하고 기억에 남도록 만들어라.
- 자문해 보라, "이 아이디어를 무엇에 비교할 수 있을까?"
- 당신의 스피치에 최적화된 것을 찾을 때까지 여러 유추와 은유를 시험해보라.

Part

4

# 믿을만하게
## Credible

이 파트에서 우리가 배울 것은 당신의 메시지를 믿을만하게 만드는 방법이다.

- 프레젠테이션하는 동안 당신의 신뢰도를 구축하라.
- 메시지들 간의 내부적 신뢰도를 더하라.

TED
# 14

## 소개말부터
## 신뢰감을 형성하라

"첫인상이 중요하다"는 말을 흔히 들어보았을 것이다. 하지만 솔직히 말하면 첫인상이 전부다! 최초의 만남에서 결정된 필터에 의해 이후의 모든 것이 걸러지기 때문에 첫인상은 그 무엇보다도 중요하다.

다시 말해 만약 첫 만남에서 당신이 이기적이라고 느낀 사람은 그 이후 당신이 무슨 행동을 해도(점심값을 낸다 해도) 모두 이기적인 행동으로 받아들일 수 있다("자기가 밥값을 다 내더라. 아마 뭔가 내게 바라는 게 있는 모양이지?").

아마도 해롤드 켈비의 연구(1950)가 첫인상이 얼마나 중요한지 설명해 줄 수 있을 것이다. 이 실험에서 학생들은 초빙강사가 새로 올 것이란 고지를 받았다. 강사에 대해 일부 학생들에게는 설명지 A를, 다른 학생들에게는 설명지 B를 줬다.

A: 차가운 사람. 성실하고, 비판적이고, 실용적이며 단호함.
B: 따뜻한 사람. 성실하고, 비판적이고, 실용적이며 단호함.

이 두 가지 설명에서 다른 점은 첫 설명밖에 없다는 걸 알 수 있을 것이다. 이것이 학생들의 인식에 어떤 영향을 줬을까?

연구 결과에 따르면, A를 읽은 학생들은 B를 읽은 학생들에 비해 강사가 더 가혹하다는 인상을 받았다고 적었다. 모든 단어가 같고 단지 하나의 표현만이 달랐을 뿐인데도 말이다. 더욱 놀라운 점은 강사가 '차갑다'는 설명을 읽은 학생들이 '따뜻하다'고 써있는 설명을 읽은 학생들에 비해 훨씬 낮은 점수를 줬다는 것이다.

이것이 대중 강연에 어떤 시사점이 있을까?

나쁜 소개는 스피치를 시작하기도 전에 커다란 걸림돌이 될 수 있다. 반대로 훌륭한 소개는 강연자의 신뢰도를 높여주며 청중들이 당신의 말을 경청하도록 만들 수 있다.

좋은 소개가 스피치의 성공에 결정적인 영향을 미치기 때문에 사회자가 당신을 훌륭하게 소개해주어야 성공적인 강연이 될 수 있고, 그렇게 하려면 결국 자신이 소개글을 쓰는 것이 최선의 방법이다. 나는 보통 직접 자기 소개글을 써서 사회자에게 건네주도록 조언한다. 그들에게 이렇게 이메일을 보내두면 된다. "당신의 부담을 덜어드리려고 제가 직접 소개문을 작성해봤습니다. 이메일에 첨부하오니 살펴봐 주십시오."

만약 어떤 이유로든 작성된 소개글을 줄 수 없는 상황이라면, 행사 전에 사회자와 미리 이야기해서 소개문을 점검할 것을 권장한다.

다음의 네 가지 원칙은 당신이 자신의 소개글을 작성할 때(또는 다른 사람을 소개할 때) 지켜야 할 사항들이다.

### 적절한 자격을 홍보하라

학위, 수상이나 방송 출연 경력은 권위의 상징이다. 이는 강연자에게 신뢰도의 배지를 붙이는 것과 같다. 박사 학위와 CNN 방송에 출연한 경험이 있고 「포춘」지에 기고한 적이 있으며 노벨상을 탄 강연자라면 신뢰도가 확 올라갈 것이다. "이 강사는 박사 학위가 있는 만큼 해당 분야에 박식하겠지. CNN이 그를 신뢰했고 나는 CNN을 믿으니까 당연히 나는 이 사람을 믿어." 이렇게 생각이 흘러가는 것이다.

자신의 소개글을 작성할 때 다음의 질문을 고려하라. 왜 당신이 이 주제에 대한 강연에 적합한 사람인가? 학위가 있는가? 이에 대한 책이나 논문을 낸 적이 있는가? 이 분야에서 수상한 경력이 있는가? 잘 알려진 매체에 글을 쓴 적이 있나? TV나 라디오 프로그램에 출연한 적이 있는가?

한 가지 중요하고 분명한 사실은 반드시 적절한 경력만을 밝혀야 한다는 것이다. 당신이 수영을 잘해 상을 받았다고 해서 백만장자가 되는 법에 대한 강의를 위한 소개에 그 수상 경력을 넣을 필요가 없다는 건 당연하다(물론 수영 실력과 부자가 되는 일 사이에 일종의 상관관계가 있을 수 있다손 치더라도).

"그거야 관련 있는 경력만 소개하는 게 당연한 것 아냐?"라고 생각할 수 있겠지만, 얼마나 많은 사람들이 이 명백한 가이드라인을 어기는지 알면 아마 놀랄 것이다. 때로 자신이 과거에 받았던 상에 애착을 느껴서 (그 상이 주제와 아무 관련이 없어도) 반드시 소개글에 넣어야 한다고 생각하는 강사들도 있다. 그런 실수를 저지르지 않기 바란다!

### 성공보다 고생을 앞세워라

강사로서의 신뢰도를 얻기 위해 반드시 박사 학위가 있거나 CNN 출연 경력이 있어야 할 필요는 없다. 사실 최고의 세계적인 자기계발 강사들 중에는 자신에게 학위 같은 게 없다는 점을 부각시키는 사람들도 있다. 유명 강사인 레스 브라운과 앤서니 로빈스는 고등학교 이상의 정규교육을 받은 적이 없다는 사실을 청중들에게 공공연히 밝힌다. 그럼 이들은 어떻게 청중들의 신뢰를 끌어낼까?

그 답은 성공만큼이나 자신들의 분투기를 나눈다는 데 있다. 레스 브라운의 세미나 서두는 보통 자신의 고생담으로 시작한 다음 성공기로 이어진다. 레스 브라운의 전형적인 소개글을 한번 살펴보자.

"레스 브라운은 유명 자기계발 강사, 작가, 코치로서 사람들에게 삶에 대한 더 넓은 비전을 제공하고 있습니다. 레스 브라운의 삶은 그 자체로 인간의 무한한 잠재력에 대한 시험입니다. 플로리다주 마이애미의 가난한 동네인 리버티 시티의 버려진 건물에서 태어난 레스는 생후 6주만에 제대로 교육도 받지 못하고 가난했던 38살의 브라운 부인에게 입양되었습니다.

5학년 때는 '학업 지진아'로 잘못 판정받아 4학년으로 강등되기도 했고 후에 8학년 진급시험에 떨어진 적도 있습니다. 이 꼬리표와 오명은 여러 해 동안 그의 자존심에 심각한 상처가 되었습니다. 마음먹은 것은 해내고야 마는 아들의 능력에 대한 브라운 부인의 믿음이 그의 인생을 변화시켰습니다.

양어머니를 가난에서 벗어나게 하겠다는 레스 브라운의 결심과 끈기, 그리고 '성공을 위해서는 무엇이든 한다'는 신념은 인간의 잠재력과 성공을 깨우는 차별점이 되었습니다. 비록 고등학교 이상의 교육이나 훈련을 받은 바 없지만 레스 브라운의 배움에 대한 열정과 자신의 위대함을 깨우려는 간절함, 그리고 그를 도운 사람들 덕분에 성공에 이를 수 있었던 겁니다."

소개글에서 자신의 고생담을 나눔으로써 청중들이 겪고 있을지도 모르는 역경을 이미 이겨낸 사람이라는 점을 각인시킬 수 있다. 그럼 사람들은 "저 사람도 해냈으니 나도 할 수 있어!"라고 생각하게 될 것이다. 이렇게 당신과 청중 사이에 공감대가 형성된다.

뒤이어 당신의 성공 스토리가 이어지면 사람들은 고난을 이겨낸 것에 대한 존경심을 갖게 된다. 고난을 성공으로 바꾼 점에 대해서 사람들의 신뢰가 더해지는 것이다. 앤서니 로빈스의 표현대로, "당신에게 지금 박사 학위가 없다 해도, 결국엔 박사 학위를 얻게 될 겁니다!"

성공 스토리를 나눌 때는 가능한 한 구체적으로 표현하도록 하라. 체중 감량과 자신의 감량에 대해 이야기한다면 정확히 얼마나 뺐는가를, 빚쟁이에서 백만장자가 된 이야기라면 정확히 얼마의 빚이 있었고 지금은 재산이 얼마나 되는지를 말하라. 사람들은 구체적이어야 신뢰하기 때문에 구체적으로 말하는 걸 잊어서는 안 된다.

### 과거 고객의 추천을 활용하라

강사로서 신뢰를 얻는 세 번째 방법은 당신의 소개글에 고객의 추천사를 활용하는 것이다. 예를 들어 멜리사가 최고의 컨설팅에 대한 강연을 한다고 해보자. 그녀의 소개글에는 과거 그녀와 일한 마이크로소프트의 추천사를 발췌해 넣으면 된다.

> 멜리사는 컨설턴트로서 「포춘」지 선정 500대 기업 중 400곳의 기업과 일해 왔습니다. 빌 게이츠는 이렇게 말했죠. "멜리사는 마이크로소프트가 이제껏 고용한 최고의 컨설턴트 중 한 명이며 우리는 그녀의 마케팅 전략 덕분에 올해 수익이 2억 달러 증가할 것이라고 기대합니다." 멜리사는 오늘의 프레젠테이션을 통해 업계 최고의 추앙받는 컨설턴트가 되는 다섯 가지 비결을 여러분과 공유할 것입니다…

### '나에게 어떤 이익이 있는가'라는 질문에 답하라

소개글에서 가장 중요한 부분은 청중들의 '나에게 어떤 이익이 있는가'란 질문에 답하는 일이다.

강사로서의 신뢰를 쌓는 일과는 별개로, 당신의 소개글은 청중들이 당신에게 귀 기울여야 할 이유를 제공하는 역할도 한다. 그들이 항상 당신의 다음 말에 흥미를 갖도록 해야 한다는 뜻이다.

그러므로 당신은 청중들이 당신의 스피치를 들으면 어떤 이익을 얻을 수 있는지 분명히 밝혀줄 필요가 있다. 일단 청중들의 신뢰를 얻은 후 소개글에서 그들이 강연으로부터 얻을 가치에 대해 설명해야 한다. 앞의 멜리사 사례와 이어지는 예를 들어보자.

> "멜리사는 오늘의 프레젠테이션을 통해 업계 최고의 추앙받는 컨설턴트가 되는 5가지 비결을 여러분과 공유할 것입니다. 프레젠테이션이 끝난 후 여러분은 그녀가 마이크로소프트와 엄청난 계약을 이끌어내는 데 사용했던 바로 그 프로세스를 배우게 될 겁니다. 대형 고객사들이 직접 나서서 그녀의 문을 두드리도록 한 바로 그 마케팅 청사진을 가지고 이 강연장의 문을 나서게 될 거라는 뜻입니다. 또 컨설팅 계약 때마다 추가로 2만 달러의 보너스를 얻는 멜리사만의 특별한 테크닉도 얻어가실 수 있습니다. 자, 이렇게 최고의 연봉과 존경을 얻는 컨설턴트가 되고자 하신다면, 함께 멜리사를 박수로 맞아주시기 바랍니다."

사회자에게 당신이 직접 쓴 소개글을 전달하라. 다음의 가이드라인을 따라 소개글을 작성하라.

- 관련 자격을 공유하여 당신이 전문가임을 밝혀라.
- 성공보다는 고생담을 앞세워라.
- 과거 고객들의 추천사를 활용하라.
- 청중들의 "그게 나한테 어떤 이익이지?"라는 마음 속 질문에 답하라.

TED

# 15

## 메시지 간 상호 신뢰성을 구축하라

　청중들이 빠져들 수밖에 없는 강력한 이야기를 전하고자 한다면, 당신은 앞으로 설명할 테크닉을 써야 할 것이다. 아무리 객관적이려고 해도 무심결에 쏠려갈 정도로 강력한 영향력을 가진 심리 기술이다. 이 기술을 이해하기 위해서 우리는 미시건 대학으로 향해야 한다.

　1986년 미시건 대학의 두 연구자 조나단 셰들러와 멜빈 매니스가 수행한 다음의 실험에 당신이 참가했다고 가정해보자. 이 실험에서 당신은 존슨 부인이 그녀의 일곱 살 난 아들을 계속 브양할 능력이 있는지 판단해야 하는 배심원 역할을 맡았다. 이 사건에는 존슨 부인을 옹호하는 증언과 그 반대의 증언이 각각 8개씩 있다. 그 증언들을 읽고 분석하여 객관적 결론으로 종합한 후 그녀가 아들을 부양할 능력이 있는지에 대해 1부터 10점 사이의 점수를 매겨야 한다.

자, 이해되는가? 좋다!

이제 친구가 한 명 있다. 이 친구는 당신이 평소 객관적이고 당신만큼이나 합리적이라고 생각해 온 사람이다. 이 친구도 역시 이 실험에 참여했다. 당신의 친구도 마찬가지로 배심원 역할을 맡았고 각각 8번의 찬반 증언을 읽고 최대한 객관적으로 존슨 부인을 판단하는 일이라고 얘기를 듣는다.

만약 두 사건이 완전히 동일하다면, 우리는 쉽게 당신 둘 모두 비슷한 결론에 다다를 것이라고 예측할 수 있다.

하지만 실제 실험자들에게 배부된 증언들은 각각 달랐다. 당신은 A를, 친구는 B를 받았다. 원래 존슨 부인에 대한 찬반 증언이 각각 8개가 있었지만 여기서는 찬반 각각 1개씩의 증언만 살펴보기로 한다. 이제 아래 표에서 A와 B의 차이점을 발견할 수 있는지, 그 차이가 당신의 판단에 영향을 미치기에 충분한 정도인지 살펴보자.

|  | 사건 A | 사건 B |
|---|---|---|
| 존슨 부인 옹호 증언 | 존슨 부인은 아이가 자기 전에 씻고 이를 닦는지 살핀다. 아이는 다스베이더처럼 생긴 '스타워즈' 칫솔을 쓴다. | 존슨 부인은 아이가 자기 전에 씻고 이를 닦는지 살핀다. |
| 존슨 부인 비판 증언 | 아이는 팔이 심하게 긁힌 채로 학교에 등교했다. 존슨 부인은 팔을 치료해주지도 같이 등교하지도 않았다. 양호 선생님이 상처를 소독해야 했다. | 아이는 팔이 심하게 긁힌 채로 학교에 등교했다. 존슨 부인은 팔을 치료해주지도 같이 등교하지도 않았다. 양호 선생님이 상처를 소독해야 했다. 양호 선생님은 소독에 머큐로크롬을 썼는데 옷에 쏟는 바람에 빨갛게 물들었다. |

A와 B의 미묘한 차이를 알아챘는가?

혹시 놓쳤을 경우를 위해, A는 '스타워즈' 칫솔의 이미지를 생생하게 묘사한 반면 B는 그렇지 않았다. 마찬가지로 B는 양호 선생님이 소독약을 쏟아 '옷이 빨갛게 물들었다'는 모습을 자세히 묘사한 반면 A는 그러지 않았다.

이 실험에서 A에는 존슨 부인을 옹호하는 증언 쪽에 생생한 디테일을 담았고, B에는 존슨 부인에게 불리한 증언 쪽에 빨갛게 물든 유니폼 같은 세부 사항을 집어넣었다.

하지만 이들 묘사들 중 어느 것도 이 사건의 논리와 논증에는 차이를 두지 않았다. 사실 존슨 부인이 좋은 엄마인지에 관한 질문과는 둘 다 관련이 없는 것이다.

그럼 관련은 없지만 생생한 묘사들이 당신과 친구의 판단을 바꿀 만큼 충분할까? 원래는 이 관련 없는 디테일들이 영향이 없어야 하겠지만 실제로는 영향을 주었다.

연구자들은 사건 A(존슨 부인을 옹호하는 증언 쪽에 생생한 묘사가 포함)를 읽은 사람들은 사건 B(존슨 부인을 비판하는 증언 쪽에 생생한 묘사가 포함)를 읽은 사람들보다 존슨 부인이 좋은 엄마라고 판단하는 경향이 더 높다는 점에 주목했다. 실제로 사건 A를 읽은 사람들이 존슨 부인에게 준 평점은 평균 5.8점이었던 반면, 사건 B를 읽은 사람들은 평균 4.3점을 줬다.

좀 이상하지 않은가? 왜 '스타워즈' 칫솔이라는 관련 없는 디테일이 존슨 부인이 더 좋은 엄마라는 결론으로 이어졌을까? 중요한 것은 존슨 부인이 매일 아이에게 이를 닦도록 했다는 점이고, 아이가 '스타워즈' 칫솔을 썼다는 건 분명 중요한 사실이 아닌데도 말이다!

하지만 실험 결과가 보여주듯이 생생한 묘사는 존슨 부인에 대한 평점을 매기는 데 있어 분명한 차이를 낳았다. 어떻게 이렇게 된 것일까?

그 이유는 생생한 묘사를 제공함으로써 메시지 내부에 신뢰성이 생겼기 때문이다. '스타워즈' 칫솔은 배심원들로 하여금 아이가 이 닦는 모습을 쉽게 그려볼 수 있게끔 도와주기 때문에 사람들은 무의식중에 더욱 그 점을 신뢰하게 되는 것이다.

구체적 디테일을 제공함으로써 신뢰를 더하는 다른 예를 하나 더 살펴보자. 다음의 두 묘사를 보라.

1. "저는 얼마 전에 곧 이라크로 파병될 거라고 말하는 한 남자를 만났습니다."

2. "저는 얼마 전에 일리노이주 이스트 몰린시 VFW 홀에 사는 세이머스란 젊은이를 만났습니다. 키가 190센티미터 정도 되고 맑은 눈에 자주 웃는 잘생긴 친구인데, 해군에 입대해서 다음 주에 이라크로 파병될 거라고 합니다."

2번은 오바마의 2008년 민주당 전당대회 연설에서 사용된 문장이다. 오바마는 생생한 묘사가 훨씬 더 잘 기억된다는 점을 알았다. '스타워즈' 칫솔과 양호 선생님의 옷에 번진 소독약처럼, 오바마의 묘사는 듣는 사람의 마음속에 상세한 그림을 그리고 시각 효과를 창출한다. 당신의 상상 속에는 키 190센티미터에 잘 웃는 청년의 모습이 그려지고 그 결과는 기억에 각인된다. 또 1번과 비교해 더욱 신뢰가 가는 연설이 된다.

여기서 사용된 원칙은 상세한 디테일이 모호한 것보다 훨씬 더 잘 기억되고 신뢰도도 높다는 것이다. 예를 들어 단순히 "그는 옷을 잘 차려 입었다" 대신 "그는 검고 깔끔한 브룩스 브라더스 정장을 차려 입었다"고 말하라는 것이다. 당신의 메시지가 시각적 호소력을 얻을 뿐 아니라, 더 잘 기억되고 믿을만 해질 것이다.

> **TED 요약**
> 인물과 사건에 대한 구체적이고 생생한 디테일을 제공함으로써 당신의 스피치에 상호 신뢰성을 구축하라.

Part
# 5

# 감성적으로
## Emotional

여기서 우리가 배울 것은 메시지를 감성적으로 만드는 방법들이다.

- '우리(we)' 관계를 만들어라.
- 방 안의 코끼리(금기시 되어 아무도 꺼내어 말하지 못하는 이야기)를 언급하라.
- 공통의 적 앞에서 사람들을 단결시켜라.
- 해결책을 제안하기 전 고통을 먼저 강조하라.
- 강력한 비주얼로 청중들의 감정을 흔들어라.
- 호기심을 일으켜라 – 말하기 전에 애를 태워라.
- 유머로 청중들의 감정을 끌어올려라.
- 청중들 스스로 자신들의 삶을 반추하게끔 질문을 던져라.

TED
## 16

# 청중들과 감정적 관계를 형성하라

말콤 X의 '투표냐 총알이냐(The Ballot or the Bullet)' 연설은 최고의 연설 중 하나로 손꼽힌다(http://bit.ly/4hcEbD).

그 메시지에 당신이 동의하든 동의하지 않든 이 연설을 통해 대중 강연과 원고 작성, 그리고 설득에 관한 몇 가지 팁을 얻을 수 있을 것이다.

이번 챕터에서 우리는 말콤 X의 연설을 분석해 청중들과 감정적 관계를 형성하는 것에 관해 배워볼 것이다.

### 방 안의 코끼리를 언급하라

청중들과 감정적 관계를 형성하는 첫 단계는 당장 닥친 문제가 많은 이슈를 언급하는 것이다. 스피치의 첫머리에 방 안의 코끼리에 대해 말한다는 것은, 청중들과 당신 사이에 어떤 장벽도 없다는 것을 의미한다.

'투표냐 총알이냐'라는 연설에서 말콤 X는 그의 종교와 관련한 핵심 이슈를 바로 언급한다. 그는 자신의 믿음에 대해 의심하는 사람들이 있다는 점을 알고서 다음과 같이 직설적인 질문을 던진다.

> "투표냐 총알이냐가 어떤 의미인지 설명하기 전에, 저는 제 자신에 관한 어떤 점을 명확히 하고자 합니다. 저는 여전히 무슬림이고, 종교는 이슬람교입니다. 그건 제 개인적 신념입니다... 비록 전 여전히 무슬림이지만 오늘밤 이 자리는 제 종교를 논하고자 하는 곳이 아닙니다. 여러분의 종교를 바꾸고자 이 자리에 선 것이 아니란 말입니다."

당신의 스피치나 프레젠테이션에 청중들이 고민할만한 어떤 논쟁적 이슈가 있다면 그걸 대놓고 언급하라. 당신이 우선 그 이슈(방 안의 코끼리)에 대해 말을 꺼내지 않는다면, 청중들은 "그래, 하지만 지금 당신이 말하고 있지 않은 다른 문제가 있잖아?" 하고 생각하면서 당신의 스피치에 집중하지 못할 것이다.

방 안의 코끼리를 우선 해치워서 그들의 의심과 불안을 없애야 한다.

### 공통된 목표를 향해 사람들을 단결시켜라

종교 문제를 이야기한 다음, 말콤 X는 공통의 목표를 향해 사람들을 규합하여 청중들과의 감정적 관계를 형성한다. 서로가 같은 목표를 향해 전진하는, 한 배를 탄 운명임을 강조하는 것이다.

> "저는 이 자리에서 우리가 각각 다르게 생각하는 바에 대해 논쟁하지는 않을 겁니다. 지금은 서로간의 차이는 묻어두고 우리가 같은 문제에 직면해 있음을 깨닫는 순간입니다. 당신이 침례교도이든, 감리교도이든, 무슬림이든, 민족주의자이든 관계없이 공통적인 문제입니다. 당신이 얼마나 교육받았든, 도시에 살든 시골에 살든, 저와 같은 문제를 맞이하게 될 겁니다. 우리는 모두 같은 배를 탄 셈입니다…"

스피치나 프레젠테이션에서 사람들을 공통의 목표 아래 단결시켜라. 당신이 그들과 같은 목표를 위해 전력하고 있음을 모두가 알게 하라.

### 공통의 적을 부각시켜 사람들을 단결시켜라

공통의 적과 싸우는 일만큼 사람들을 효과적으로 모을 수 있는 것은 없다. '투표냐 총알이냐' 연설에서 말콤 X는 공통의 적을 설정함으로써 그의 청중들(대부분이 아프리카계 미국인-흑인)을 단결시킨다.

"우리는 모두 한 배를 탔고 같은 적을 두고 있습니다. 그 적은 백인들입니다. 우리 모두는 이 나라에서 백인들의 정치적 탄압, 경제적 착취, 사회적 비하 속에서 고통 받으며 살아왔습니다."

말콤 X는 이어서 그 적의 정체와 그 적이 어떻게 흑인들을 탄압하고 착취해 왔는지를 세세히 열거하며 공통의 적에 맞서 싸우도록 군중을 독려했다. 원초적 자기방어 본능을 자극하여 청중들 간의 강력한 감정적 관계를 촉발시킨 것이다.

공통의 적을 부각시킴으로써 당신의 청중들을 하나로 묶을 수 있는 방법에 대해 당신도 고민해보라.

비즈니스 프레젠테이션이라면 당신의 경쟁사가 공통의 적이 될 수 있을 것이다. 또는 고비용이 그 자리를 차지할 수도 있다. 어떤 공통의 적이든, 공통의 목표와 마찬가지로 청중들의 지지를 얻는 데 유용할 수 있다.

### 문제점과 고통을 부각시켜라

해결책을 제시하기 전 우선 사람들의 고통을 제기하라. 해결책보다 사람들이 겪고 있는 고통이라는 경험에 집중하라는 말이다. 청중들의 고통이 클수록 해결책에 대한 그들의 갈망도 커진다.

말콤 X는 자신의 연설에서 해결책을 제시하기 전에 청중들이 겪는 문제에 대해 이야기했다.

"기만당하고 현혹된 이들 흑인들이 뼈를 깎는 고통 속에 번 돈을 백인들에게 쓴 덕분에, 백인들은 점점 부자가 되고 여러분은 점점 가난해지고 있습니다. 그래서 어떻게 됐습니까? 우리의 커뮤니티가 슬럼화되어 갑니다. 게토가 되고 있습니다. 환경은 메말라갑니다."

문제점을 부각시키고 사람들의 고통을 조성하면 그들은 해결책을 갈망하게 된다.

이렇게 스피치와 프레젠테이션에서 해결책을 제시기에 앞서 먼저 문제점을 부각시키고 고통을 조성하라.

### '우리'라는 관계를 만들어라

말콤 X는 청중들에게 자신도 그들 중 하나임을 깨닫게 한다. 그도 청중과 같은 집단에 속한다는 걸 알리는 것이다. 자신도 같은 문제에 봉착했음을, 그들과 같은 과제를 안고 있음을 '우리'라는 소속감을 이용해 밝힌다.

"그래서 우리는 얽히고, 설키고, 매달려 있습니다. 우리가 어디를 가든 우리는 묶여 있는 겁니다."

이 '우리'라는 관계의 천명은 당신도 청중들의 일부임을 알게 한다. 당신이 그들과 같은 어려움을 겪는, 그들의 편임을 청중들이 깨닫게 만드는 것이다.

청중들의 지지와 신뢰를 얻고자 한다면 이 '우리' 관계 설정이 큰 도움을 줄 것이다.

> **TED 요약**
>
> 당신의 청중들과 감정적 관계를 형성하려면,
> - 방 안의 코끼리를 언급하라.
> - 공통의 목표 아래 사람들을 규합하라.
> - 공통의 적을 부각시켜 사람들을 단결시켜라.
> - 문제점을 부각시키고 고통을 조성하라.
> - '우리' 관계를 만들어라.

TED 17

# 강력한 시각 자료를 사용하라

**텍스트보다 강력한 이미지**

시각 자료는 사람들의 감정을 불러일으키는 효과적인 도구다. 파워포인트를 이용한 프레젠테이션을 한다면 지루하고 메마른 텍스트로 슬라이드를 채우기보다는 시각적인 이미지로 청중들에게서 감정을 이끌어낼 것을 추천한다.

예를 들어 인도의 성폭력 피해자에 대한 이야기를 한다면 멍과 상처가 선명한 피해자의 사진을 사용해보라. 고통이 서린 눈, 뺨에 흐르는 눈물과 그녀의 표정은 청중들의 분노를 이끌어낼 것이다. 사진은 단순히 말로는 전달할 수 없는 감정을 표현할 수 있다.

이미지는 또한 프레젠테이션의 각인을 돕기도 한다. 한 연구에 따르면 프레젠테이션을 본 후 3일이 지나면 대부분의 사람들은 들은 내용의 10%밖에 기억하지 못한다. 하지만 거기에 사진이 더해지면 그 비율은 65%로 치솟는다.

그렇지만 파워포인트를 작성하기에 앞서 우선 자문해 보라. "이 파워포인트가 정말 필요할까?" 정말 청중들의 이해를 돕기 위해 파워포인트를 쓰는 건지, 아니면 그저 당신이 다음에 말할 내용을 잊지 않기 위해 쓰고 있을 뿐인지 스스로에게 물어보라는 것이다. 파워포인트를 써야 할 때는 풍부한 시각 자료 - 이미지, 사진, 차트, 그래프 - 가 갖춰져 있을 경우뿐이다. 대니얼 핑크는 자신의 TED 강연에서 어떤 실험을 묘사하면서 이미지를 보여주었다.

> "제가 이 실험자라고 해 봅시다. 제가 당신을 이 방으로 이끌고 가서 양초 하나와 압정 몇 개, 성냥개비 몇 개를 줍니다. 그리고 이렇게 말하죠. "촛농이 바닥에 떨어지지 않게 양초를 벽에 붙여보세요." 자, 어떻게 하겠습니까?" (파워포인트로 양초와 압정들, 성냥갑이 벽 옆의 탁자 위에 놓여있는 사진을 보여준다)

이 케이스에서 시각 자료는 메시지의 이해를 돕고 있는데, 실험도구를 보여주는 것은 해당 실험이 어떻게 이뤄지는지를 보다 명확하게 해주기 때문이다.

이와 유사하게, 재클린 노보그라츠는 빈곤 탈출과 관련한 TED 강연을 하면서 그녀가 케냐를 방문했을 때 찍은 슬럼가의 사진들을 보여주었다(http://bit.ly/lsP9k). 사진은 청중들이 보다 현장감을 느낄 수 있도록 도와주고 케냐 빈곤의 실상을 이해할 수 있게 했다.

파워포인트로 프레젠테이션의 효율성을 높이고자 한다면 슬라이드를 디자인할 때 다음의 가이드라인들을 명심해야 할 것이다.

**1. 이미지는 큼지막하게**

많은 연사들이 저지르는 실수가 파워포인트 슬라이드에 텍스트를 너무 많이 집어넣는 것이다. 파워포인트 활용 프레젠테이션과 일반 워드 파일을 혼동해서 생기는 일이다.

슬라이드에 너무 많은 텍스트를 집어넣으면 청중들의 눈은 쉽게 피로해지고 결국 졸기 십상이다. 또한 경험 많은 강연자라 할지라도 텍스트가 많으면 어쩔 수 없이 그 텍스트를 읽어내려가는 걸 피할 수 없게 된다. 그러느니 차라리 파워포인트를 미리 청중들에게 이메일로 보내고 강연을 취소하는 편이 낫다. 스피치 코치 크레이그 발렌틴이 말한 대로 "당신과 당신의 파워포인트가 똑같은 말을 한다면, 둘 중 하나는 필요 없다."

이에 대한 해결책은 당신의 슬라이드에서 텍스트를 없애거나 최소량만 사용하는 것이다. 텍스트보다는 크고 시각적으로 시원시원한 이미지로 당신의 발표내용을 보충하도록 하라. 지구 온난화의 충격에 대해 당신이 이야기할 때는 녹고 있는 빙하가 담긴 사진을 크게 넣는 게 좋다. 빙하가 녹는 위험성에 대한 글을 잔뜩 집어넣는 것보다 그 편이 훨씬 더 강력한 효과를 낼 것이다.

당신의 프레젠테이션이 무엇에 관한 것이든, 발표를 뒷받침하는 강력한 시각 자료로 대체하는 것이 가능하다. 어떤 자료든 시각화하는 것에 대해 좀 더 알고 싶다면, 슬라이드 공유 사이트인 슬라이드쉐어(www.slideshare.net)를 참조하자.

### 2. 폰트도 크게

스크린에 텍스트를 보여줘야 한다면 – 인용구나 키워드– 반드시 큰 폰트를 사용하라. 강연장의 뒤편에 앉은 사람들을 고려해 프레젠테이션을 디자인해야 한다. 폰트 사이즈가 최소한 30포인트 이상이어야 한다. 이래야 하나의 슬라이드에 들어갈 수 있는 텍스트의 분량도 짧아지고 강연장의 모든 사람들이 당신의 텍스트를 읽을 수 있다.

### 3. 하나의 슬라이드에는 하나의 내용만

하나의 슬라이드에 너무 많은 내용을 담아 청중들을 골치 아프게 하지 마라. 필요한 만큼 슬라이드를 사용하되 반드시 하나의 슬라이드에 하나의 아이디어를 담는다는 원칙을 고수하라. 그래야 당신의 슬라이드가 잡동사니 모음이 되는 걸 피할 수 있다. 앞에서 말한 지구 온난화의 충격에 대한 프레젠테이션의 경우라면, 하나의 슬라이드에 지구 온난화의 중대성에 대해 빼곡히 적는 것보다 슬라이드별로 각각의 심각성을 보여주는 차트나 이미지, 큼지막한 사진을 집어넣어 여러 장 보여주는 편이 낫다.

이 3가지가 파워포인트를 효과적으로 사용하는 방법의 전부는 아니지만, 이것들만 잘 지켜도 파워포인트를 이용하는 강연자들의 흔한 실수는 예방할 수 있다고 본다. 효과적인 파워포인트 슬라이드의 샘플을 보고 활용할 수 있도록 내가 본 최고의 파워포인트 슬라이드 몇 가지를 모아 슬라이드쉐어에 올려두었다(http://slidesha.re/WS7u9x). 참고하길 바란다.

**TED 요약**

- 보여줄 시각 자료가 많을 때에만 파워포인트 프레젠테이션을 사용하라.
- 당신과 파워포인트가 똑같은 말을 한다면, 둘 중 하나는 필요 없다.
- 이미지는 크고 시원하게 써라.
- 큰 폰트를 써라.
- 하나의 슬라이드에 하나의 아이디어만 담아라.

TED
# 18

# 청중의 호기심을
# 불러일으켜라

이 도구는 셀 수도 없이 당신에게 영향을 끼쳐왔지만 당신은 미처 깨닫지도 못하고 있다! 당신을 밤새 깨어있게 하면서 채널 선택에 영향을 주었고, TV 화면 앞에서 떠나지 못하게 했다.

어떤 일을 해야 하는데 TV 프로그램을 멍하니 보고 있는 자신을 발견한 적이 있는가? "광고가 나올 때까지만 이걸 보고, 광고 나오면 일을 계속 해야지"하고 중얼거리면서.

만약 당신이 우연히 래리 킹의 '25주년 스페셜' 방송을 보게 됐다면 래리 킹이 광고 직전 이렇게 말하는 걸 들어본 적이 있을 것이다.

"베티 데이비스, 빌 코스비, 비틀즈, 시나트라. 이들이 대한 소식을 놓치지 마세요. 래리 킹 라이브 25에서 곧 소개합니다."

물론 이 흥미로운 소식들을 당신은 놓치고 싶지 않을 것이다. 그래서 계속 TV를 보고 또 본다.

오프라 윈프리, 엘렌 드제너러스, 래리 킹은 이런 감질나는 티저로 우리를 TV 앞에 붙잡아둔다. 한 두 개의 문장으로 쇼의 다음 순서가 얼마나 재미있을지 유혹하는 티저들은 광고가 끝난 후에도 당신의 채널을 고정시켜 둔다.

다음은 TV에서 들었을 법한 감질나는 티저 문구들이다.

"잠시 휴식 후에, 어떻게 이 여성이 두 달 만에 90kg가 넘게 감량했는지 알아봐요. 채널 고정하시고 땀 한 방울 없이 살을 빼는 그녀의 검증된 시스템을 같이 배워보자고요!"

"다음 초대 손님은 25년간 행복한 관계의 과학에 곤해 연구하신 분입니다. 2천 쌍 이상의 커플들과 상담하고 종교지도자에게도 컨설팅해주었으며, 행복에 관한 논문을 다수 탐독하셨습니다. 광고를 마치고 돌아와서, 행복한 결혼 생활에서 당신이 반드시 취해야 할 가장 중요한 3가지 일들에 대해 설명해 줄 겁니다. 그리고 절대, 그것들은 당신이 생각했던 바와 다릅니다!"

댄 히스와 칩 히스는 『스틱!』(엘도라도, 2009)에서 청중들을 갈망의 상태로 변화시키는 '소녀 효과(The Girl Effect)'라는 온라인 영상을 사례로 다룬 바 있다(http://bit.ly/2kUiXn). 이 영상은 여러 가지 국제적 문제들을 열거하면서 시작한다. 에이즈, 기아, 빈곤, 전쟁. 그런 다음 당신에게 이런 질문을 던진다. "이 난국에 대한 놀라운 해결책이 있다면 어떻게 하시겠습니까? 당신이 이미 그걸 알고 있다면? 이 해결책은 인터넷이 아닙니다. 과학도 아닙니다. 정부도 아닙니다."

자, 그 해결책이 궁금하지 않은가?

이 '소녀 효과' 티저를 효과적으로 만든 건 다음의 2가지 요소들이다. 첫째, 질문을 잘 활용했다. 인간의 무의식은 질문이 던져지면 무의식적으로 잠재적 해답을 생각하게끔 되어있다. 둘째, 답이 아닌 것들을 알려주어 당신을 자극한다. "과학도 아닙니다. 정부도 아닙니다." 이 답들은 누구나 그 질문을 들었을 때 먼저 떠올리는 것들로, 이 선택지를 제거함으로써 정답이 무엇인지 당신이 계속 생각하게끔 만드는 것이다.

이 감질나는 티저들을 프레젠테이션에서도 활용할 수 있다. 2011년 토스트마스터즈 세계 챔피언 대런 라크르와는 프레젠테이션 스킬에 관한 워크숍 도중 다음과 같이 티저를 활용했다.

"세계 챔피언 대회를 준비하기 위해 저는 10년간의 콘테스트 영상을 공부하기 시작했습니다. 이 대회를 잘 모르는 분들을 위해 설명하자면, 2만 5천명의 지원자가 경쟁하여 최종 후보가 9명으로 좁혀집니다… 그리고 매년 그 영상을 비디오로 찍어둡니다. 저는 그 비디오 테이프들을 구해서 10년 치를 봤습니다. 세계 챔피언 90명의 스피치를요! 그 영상을 모두 본 후 최종 우승자들의 테이프만을 따로 만들어서 계속 반복해서 봤는데, 저는 '최종 우승자와 2등 간의 미묘한 차이가 무엇인지'를 알고 싶었기 때문입니다."

이 순간, 대런은 잠시 말을 끊었다가 다시 잇는다.

"그리고 저는 그들의 공통점 4가지를 발견했습니다. 이제 여러분은 바로 이어지는 프레젠테이션에서 그것들을 익히게 될 겁니다…"

자, 이 4가지가 무엇인지 알고 싶어 미칠 것 같지 않은가? 대런은 그의 스피치 나머지 부분을 듣지 않고는 못 배기게 만들어 버린 것이다.

사이먼 사이넥은 TED 강연에서 그의 발견을 전하기에 앞서 이 감질나는 티저를 활용했다.

"약 3년 반이란 세월에 걸쳐 저는 한 가지 사실을 발견하게 됐습니다. 그리고 이 발견은 세상이 돌아가는 방식에 대한 제 관점을 뿌리채 바꿔 놓았고, 심지어 제가 세상 속에서 활동하는 방식까지도 변화시켰습니다. 그것은, 패턴이었습니다. 이 세상의 모든 위대하고 진취적인 리더들과 조직들 – 애플, 마틴 루터 킹, 라이트 형제 등 – 은 모두 정확히 같은 방식으로 생각하고 행동하고 소통했다는 겁니다. 다른 모든 이들과는 정확히 반대되는 방식으로요. 저는 단지 그것을 글로 옮겨적은 것에 불과하고 그건 아마도 세상에서 가장 단순한 아이디어일지도 모르겠습니다…"

당신이 만약 사이먼의 이 강연(http://bit.ly/12MP5v9)을 본 적이 없다면 분명히 그의 발견이 무엇이었는지 궁금할 것이다. 나 역시 그랬다!

감질나는 티저의 주요 임무는 다음에 올 메시지가 중요하다고 전함으로써 당신의 논점 간에 주의를 전환시키는 일이다. 그럼 청중들은 다음 메시지를 들을 준비를 하게 된다. 청중들이 당신이 무엇을 말할지 궁금해 하길 원한다면, 바로 말하기 전에 티저를 활용하라!

프레젠테이션에서 티저를 활용할 수 있는 지점은 두 군데다. 첫째, 만약 워크숍이나 세미나 중이라면 휴식 시간 직전에 감질 나는 티저를 사용해 청중들이 다음 순서에 대한 기대감을 계속 갖도록 만들 수 있다.

둘째, 뭔가를 주장하기 직전에 티저를 사용할 수 있다. 예를 들어, 생산력을 높이는 3가지 방법에 대한 프레젠테이션을 한다고 해보자. 일반적인 발표자들은 프레젠테이션을 시작하면서 모든 미스터리를 제거해버린다. "생산성을 높이는 3가지 방법이 있습니다. 첫 번째는 일찍 일어날 것, 두 번째는 목표를 정할 것, 세 번째는 자정 전에 잘 것. 이제 첫 번째부터 시작해봅시다…" 이건 정말 끔찍한 프레젠테이션이다. 명확한 구조를 갖긴 했지만 결코 좋은 프레젠테이션이라곤 할 수 없을 것이다. 궁금한 요소를 전혀 남기지 않았기 때문에 완전히 뻔하고 지루해지고 말았다. 이래서 나는 강연자가 한 번에 모든 중요 사항을 보여줘선 안 된다고 조언한다. 다음에 올 내용에 대한 호기심이 싹 사라져버리기 때문이다. 그보다는 말하는 중간 중간 각각의 중요 사항을 풀어놓는 것이 낫다.

그럼, 뛰어난 연사는 어떻게 프레젠테이션에 접근하는가? 첫째, 자신의 해결책을 단번에 공개해버리지 않는다. 둘째, 정보를 공개하기 전에 살살 감질나게 한다. 예를 들어 앞에서 나온 생산력을 높이는 방법에 관한 프레젠테이션이라면 강연자는 다음과 같이 말하면 될 것이다.

> "이 프레젠테이션에서 당신은 생산력을 높이는 생활 스타일을 이끌 세 가지 열쇠를 얻게 될 것입니다. 첫 번째 열쇠는 절반의 시간을 들여 두 배의 효과를 낼 수 있을 뿐만 아니라 당신을 더욱 행복하고 에너지가 넘치도록 만들 겁니다. 한번 상상해 보세요, 두 배로 생산력이 늘면 당신이 얼마나 더 많은 성취를 이룰 수 있을지. 저는 이 첫 번째 열쇠를…"

여기서 연사는 뭔가 주장을 펼치기에 앞서 이 정보의 이점을 먼저 보여주면서 청중을 감질나게 하고 있다. 또한 수사적 질문을 활용해 청중이 이 방법을 이용해 생산력이 두 배로 늘어날 것을 상상하게 만들었다. 이렇게 정보를 바로 공개하는 대신 이야기를 제시하여 청중들이 그 이야기 안에서 스스로 답을 찾도록 유도하는 것이다.

여기 브레네 브라운이 '취약성의 힘'에 대한 TED 강연에서 감질나는 티저를 훌륭하게 활용한 사례를 하나 더 살펴보자(http://bit.ly/hv9iP4).

"하지만 제가 여러분들께 말할 수 있는 건 그 요점뿐입니다. 그리고 이건 저의 10년간의 연구에서 배운 가장 중요한 것 중 하나일 겁니다..."

자, 당신은 그녀가 대체 뭘 배웠는지 알고 싶어 몸이 꼬일 것이다. 그렇지 않은가?

프레젠테이션과 스피치에서 말하기 전에 우선 감질나게 하여 청중의 호기심을 유지토록 하라. 휴식 전과 중요한 주장을 하기 전이 감질나는 티저를 사용하기에 최적의 시간이다.

---

**TED 요약**

- 청중들의 호기심을 당연한 것으로 받아들이지 말라.
- 중요한 주장이나 정보를 전달하기 전 청중들을 감질나게 하라.
- 프레젠테이션 중간 휴식 직전에 다음 순서에 올 내용을 조금만 제시해서 청중들을 감질나게 하라.

TED

# 19

## 강연에 유머를 더하라

유머는 청중들을 당신의 스피치에 참여시키는 가장 좋은 방법이다. 유머는 청중들이 프레젠테이션에 관심을 계속 가지도록 유도할 뿐만 아니라 학습을 돕는 효과도 있다. 가장 인기 있고 감명 깊은 TED 강연들은 항상 가장 유머러스한 강연이기도 했다. 켄 로빈슨의 유명한 TED 연설에서 그는 1분에 한 번씩 청중의 웃음을 유도한다. 대니얼 핑크의 TED 강연에도 뛰어난 유머가 담겨있다.

앞에서 우리는 조크를 피해야 한다고 배운 바 있다. 그럼 조크에 의지하지 않고 프레젠테이션에 유머를 더하려면 어떻게 해야 할까?

### 기대감을 형성한 후 갑자기 깨버려라

어떤 기대를 형성했다가 갑자기 그걸 깨뜨리는 코멘트가 유머를 더한다. 우리는 놀라서 웃게 된다. 그래서 우리는 누군가 갑자기 넘어지는 모습을 보고 예기치 않은 웃음을 터뜨리게 되는 것이다. 예상치 못했던 놀라움은 우리를 웃게 한다. 부가적으로 웃음은 학습을 돕는 알람 효과도 가져다준다.

켄 로빈슨은 기대감을 형성했다가 깨부수는 데 전문가다. 다음의 문장을 살펴보자.

"제 아내가 식사를 준비한다면, 뭐 자주 있는 일은 아니지만요… 감사하게도요." (일동 웃음)

코미디에선 긴장감을 높이기 위한 대사를 '설정'이라고 칭한다. 이 경우에 설정은 "제 아내가 식사를 준비한다면, 뭐 자주 있는 일은 아니지만요…" 부분이다. 켄의 설정은 우리로 하여금 그가 자주 요리하지 않는 아내를 타박할 것이라 생각하게 만든다. 급소를 찌르는 대사는 그 기대를 갑자기 무너뜨리는 부분이다. 이 경우 "감사하게도요"란 말이 되겠다. 켄이 사실은 아내가 자주 요리하지 않는다는 점을 감사히 여긴다는 걸 알게 되어 원래 가졌던 기대감이 탁 깨지는 것이다.

코멘트를 유머러스하게 만드는 요소는 기대감이 갑자기 깨진다는 점이다. 그래서 급소를 찌르는 대사가 짧으면 짧을수록 웃음은 더 커지기 마련이다. "제 아내가 식사를 준비한다면, 뭐 자주 있는 일은 아니지만요, 저는 그에 대해 감사하고 있습니다"라고 말했다면 별로 웃기지 않다. 청중에게서 커다란 웃음을 이끌어내고 싶다면 당신의 설정과 급소를 찌르는 대사를 가능한 한 짧게 유지하라.

대니얼 핑크가 TED 연설에서 사용한 테크닉을 한번 살펴보자.

"저는 그렇게 잘하지 못했습니다. 사실, 전 로스쿨을 우등으로 졸업했습니다… 뒤에서." (일동 웃음)

앞의 설정 대사는 대니얼이 상위 성적으로 졸업했다는 기대를 심어준다. "뒤에서"란 표현은 그 기대를 깨고 그가 사실은 꼴찌로 졸업했다는 새로운 사실을 알려준다. 우리의 뇌가 여기서 사용된 트릭을 알아채고 웃게 되는 것이다. 이 대사가 먹히는 다른 이유는 자기 비판적 유머이기 때문이다 - 대니얼은 스스로를 웃음거리로 제공한 것이다.

### 자아비판 유머를 사용하라

스스로를 비판하는 유머는 스스로를 조크의 소재로 사용한다는 의미다. 만약 스스로에 대한 조롱을 기꺼이 감내할 수 있다면 유머의 소재가 떨어질 일이 없.

다음 대니얼 핑크의 TED 연설을 보고 자아비판 유머에 대해 생각해보자.

"저는 제 인생에서 단 하루도 법을 공부한 적이 없습니다. 그렇게 해도 된다고 허락받지 못했거든요." (일동 웃음)

자아비판 유머가 먹히는 건 당신이 스스로를 기꺼이 웃음의 소재로 내놨음을 보여주기 때문이다. 당신이 스스로를 웃음거리로 삼았음을 알기에 청중들은 맘껏 웃을 수 있는 것이다. 뿐만 아니라 우리 모두는 자신을 내려놓을 줄 아는 사람을 좋아하기 때문에 연사로서도 당신은 호감을 얻게 된다.

켄 로빈슨의 TED 강연에서 자아비판 유머의 예를 더 찾아보자.

"저는 한때 영국 로열 발레단의 일원이었습니다… 여러분이 보시다시피."

켄은 스스로를 웃음거리로 삼았다. 그를 보면 그가 발레를 할 체형이 아님은 쉽게 알 수 있을 것이다.

여기서 얻을 교훈은 이렇다. 무대 위에서 스스로를 조롱하는 걸 두려워하지 말라.

### 과장된 표현을 사용하라

사람들은 명백한 과장에도 웃는다. 다음의 엘리자베스 길버트의 TED 강연에서 유머 요소를 살펴보자(http://bit.ly/yDEr).

> "제가 사람들에게 작가가 되고 싶다고 말하기 시작했을 때 – 제가 십 대였던 시절에 – 싶었고 이런 비슷한 종류의, 일종의 두려움에 기반한 반응과 마주했습니다. 사람들은 물었죠. "성공하지 못할까봐 두렵지 않니? 거절당한 치욕으로 죽어버리게 될 것 같지 않니? 일평생 매달렸다가 결국 실패의 쓴맛만 잔뜩 보고 깨진 꿈들의 잔해더미에 올라앉아 죽게 될까봐 두렵지 않니?"

마지막 문장의 명백한 과장은 사람들을 웃게 한다.

켄 로빈슨도 TED 강연에서 청중들을 웃게 하는 데 이 과장법을 썼다. 아내의 멀티태스킹 능력을 얼마나 과장했는지 보자.

> "그녀는 요리하면서도 전화로 사람들과 협상하고, 아이들과 대화하고, 천장에 페인트칠을 하고, 이렇게 심장 절개 수술도 한답니다." (일동 웃음)

같은 강연에서 켄이 사용한 다른 과장의 예도 있다.

> 파티에서 누군가가 "무슨 일을 하세요?"하고 물어봤는데 당신이 교육계에서 일한다고 말하면 상대의 얼굴에서 핏기가 가시는 걸 볼 수 있을 겁니다. 그들은 이러죠. "오 맙소사, 왜 접니까? 오늘밤은 망쳤네!" (일동 웃음)

온통 유머만을 다루는 책들도 있지만, 나는 앞의 3가지 방법이면 충분히 웃음을 유발할 수 있다고 생각한다.

---

**TED 요약**

다음 기술들을 활용해 당신의 프레젠테이션에 유머를 더하라
- 기대감을 형성했다가 일순간 무너뜨려라.
- 자아비판 유머를 써서 스스로를 웃음거리로 만들어라.
- 재치 있는 과장으로 청중들에게 웃음을 이끌어내라.

TED

# 20

# 수사적 질문을
# 사용하라

수사적 질문을 던지는 것은 청중들이 당신의 스피치에 감성적으로 참여하게끔 유도하는 훌륭한 방법이다. 수사적 질문은 청중들이 자신의 삶을 되돌아보도록 만들기 때문이다.

### 청중들이 상상하게 만드는 수사적 질문

예를 들어 집중의 힘에 대한 강연이라면 이렇게 질문할 수 있을 것이다. "한번 상상해 보세요, 해야 할 일에 100% 집중하는 능력이 있다면 여러분의 삶이 얼마나 달라질 수 있을지. 얼마나 더 많은 일을 성취하게 될까요? 달성할 수 있는 목표들이 얼마나 많아질까요?"

이 수사적 질문은 청중들로 하여금 이 스피치가 약속한대로 할 수 있다면 그들의 삶이 얼마나 좋아질 수 있을지 상상하도록 한다. 개선될 삶에 대한 기대만큼 스피치에 대한 관심도 올라가는 것이다.

"만약 당신이 해야 할 일에 100% 집중하는 능력을 얻게 된다면 당신은 훨씬 더 많은 일들을 성취하게 될 겁니다!"란 일반적 진술과 한번 비교해 보면 위의 수사적 질문이 훨씬 더 강력하다는 것을 알 수 있을 것이다. 일반적 진술은 그저 한 귀로 흘려듣게 되지만 수사적 질문은 구체적으로 상상하게 하여 청중들로부터 감정적 반응을 이끌어낸다.

### 청중들이 반추하게 만드는 수사적 질문

청중들이 삶을 반추하게 하는 수사적 질문을 사용할 수도 있다. 예를 들어, 나는 전 여자친구(내가 '불만녀 낸시'라고 불렀던)에 관한 스피치에서 그녀가 자신의 부정적 성향으로 내 꿈을 망가뜨린 이야기를 했다. 그리고 청중들에게 물었다. "당신의 불만녀 낸시는 누구입니까?" 이 수사적 질문은 나의 질문에서 객체를 꺼내어(이 경우는 '불만녀 낸시') 청중들의 삶 속에 투영시킨다. 청중들은 그들의 희망과 꿈을 짓밟고 있는 부정적인 사람들에 대해 뒤돌아보게 되는것이다.

당신이 산악 등반에 관한 이야기를 한다면 청중들에게 다음과 같은 수사적 질문을 던질 수 있을 것이다. "당신은 어떤 산을 오르고 있습니까? 당신이 다다르고자 하는 봉우리는 무엇입니까?" 이런 질문은 스피치에서 대상을 추출해(이 경우, 산이나 봉우리) 청중들의 삶에 대입하는 것이다. 이렇게 하면 청중들이 자신의 삶을 돌아보면서 그들이 성취하고자 하는 목표를 가로막는 장애물에 대해 반추하게 만든다.

수사적 질문이 반드시 청중들에게 자신들의 삶을 반추하게끔 해야 하는 건 아니다. 자신들이 살고 있는 사회에 대해 돌아보게 할 수도 있다. 예를 들면 총기 남용에 대한 스피치를 다음과 같이 할 수 있을 것이다. "매일 2백 명의 어린이들이 총기 남용으로 사망합니다. 얼마나 더 죽어야 여러분은 행동에 나설 겁니까?" 이 질문은 청중들에게 강력한 감정을 촉발시킨다. 국가와 사회에 대해 돌아보는 동시에 죽음을 막을 능력을 가졌다는 점을 함의함으로써 책임감도 느끼게 하기 때문이다.

### 청중들의 생각을 반영하는 수사적 질문

수사적 질문은 청중들의 생각을 큰 소리로 외치는 효과를 줄 수 있다. 당신이 청중들의 생각을 대신 외쳐준다면 그들은 당신에게 감성적 관계를 느낄 것이다. "와! 저게 바로 내가 생각하던 건데"하면서.

에이미 커디는 바디 랭귀지에 관한 TED 강연에서 청중들이 그녀가 나누고자 하는 이론의 실질적 적용에 대해 궁금해 한다는 걸 알았다. 그래서 그녀는 다음과 같이 수사적 질문을 던졌다.

"하지만 다음 질문. 파워 포즈가 잠시동안이라도 당신의 삶을 정말 의미 있게 바꿨나요? ... 실제 어디서 써먹을 수 있었나요?"

이처럼 청중이 "X라는 결정을 내린 후 A에게는 어떤 일이 벌어질까?"라고 궁금해 하는 것을 안다면 그냥 이렇게 말하자. "아마 여러분들은 궁금하실 겁니다, '어떻게 될까?...'" 이렇게 청중과 친밀한 관계를 만들면 이야기를 진행하면서 다음에 이어질 이야기에 대한 흥미를 유발할 수 있다. 이 도구를 잘 활용하려면, 당신의 스피치 중 하나를 살펴보라(스피치 원고를 읽어보거나 오디오/비디오 녹음을 들어보자). 청중들의 입장에서 당신의 스피치를 들어보며 질문해 보라. "청중의 한 사람으로써 어떤 질문이 떠오르는가?" 이렇게 얻은 내용을 수사적 질문으로 바꿔서 청중들의 생각을 읽어주는 데 활용하면 된다.

### 청중들이 비교하게 하는 수사적 질문

마지막으로 수사적 질문은 청중들이 두 가지 선택을 서로 비교하게 할 수 있다. 이 유형에서 가장 유명한 질문은 로널드 레이건이 1980년 대통령 선거 기간 중 행한 연설이다.

> 자기 자신에게 물어보세요. "지금 나는 4년 전보다 살기 좋아졌는가? 4년 전보다 가게에 가서 물건 사기가 더 쉬워졌는가? 4년 전과 비교해 이 나라의 실업률이 늘었는가 줄었는가? 미국이 예전만큼 전세계로부터 존경을 얻고 있는가?"

"우리는 오늘보다 4년 전에 더 살기 좋았습니다"라고 말하는 것에 비해 위의 질문이 얼마나 청중에게 강력한 감정을 불러일으키는지 주목하라. 이 질문은 청중들이 현재 그들의 삶을 반추하면서 4년 전과 비교해서 더 나아진 것이 없다는 필연적 결론에 도달하도록 한다. 이 결론을 내린 것은 청중들 자신이기 때문에 레이건이 결론을 제시했을 때와 비교해 훨씬 더 그 주장에 동조하기 쉽다.

지그 지글러는 이렇게 질문했다. "당신은 방황하는 일반론 쪽입니까, 의미 있는 구체성 쪽입니까?" 이 수사적 질문은 청중에게 자신이 어느 쪽인지 생각해보고 자연스럽게 의미 있는 구체성 쪽이라는 결론을 유도한다. 수사적 질문은 청중들의 감정을 불러일으키는 매우 강력한 도구다. 수사적 질문을 활용해 청중들이 상상하고 반추하고 비교하도록 하고, 청중들의 마음 속 질문을 소리치도록 하라.

**TED 요약**  수사적 질문을 사용해 청중들의 호기심을 불러일으키고 당신의 프레젠테이션에 그들이 감정적으로 참여하도록 하라.

- 청중들이 상상하도록 하라.
- 청중들이 반추하도록 하라.
- 청중들의 생각을 반영하라.
- 청중들이 비교하도록 하라.

Part

# 6

## 스토리를 담아
Story

이번 파트에서는 스토리를 이용해 메시지를 머릿속에 착 달라붙게 하는 방법을 배우게 될 것이다. 우리는 이미 스토리텔링에 대해 여러 가지 내용을 다룬 바 있다. 스토리에 감각 정보의 디테일이 풍부해야 한다는 점과 내용 속 인물을 생생하게 묘사해야 한다는 점, 그리고 장면을 구체적으로 그려야 한다는 점을 이야기했다. 이런 개념들은 이미 살펴봤으니 여기서 다시 다루지는 않을 것이다. 대신 청중들을 잡아끄는 흥미로운 이야기를 말할 때 사용할 수 있는 새로운 스토리텔링 기술 몇 가지를 점검해보도록 하자.

보다 구체적으로 말하자면, 우리는 다음의 사항들을 살펴볼 것이다.

- 스토리텔링의 중요성
- 위대한 스토리의 5가지 요소
- 역동적인 스토리텔링을 위한 전달의 기술

TED
# 21

# 서브웨이는 어떻게 스토리를 이용해 매출을 20% 늘렸나

당신은 일 년도 안 되어 90kg 이상을 감량한 한 사내의 이야기를 들어본 적이 있는가? 그리고 패스트푸드를 먹고서 그렇게 살을 뺐다는 것도?

1999년 11월, 「맨즈 헬스(Men's Health)」 잡지에 자레드 포글이란 인물의 별난 이야기가 실렸다. 기사에 따르면 포글은 인디애나 대학교에 다니는 과체중 대학생으로, 오직 서브웨이 샌드위치만 먹는 '서브웨이 다이어트'로 무려 111kg을 감량했다는 것이다.

서브웨이의 임원진은 이 소식을 듣고 이전의 '7 under 6'(7가지의 서브웨이 샌드위치의 지방량이 6그램 이하라는 뜻)이라는 광고 시리즈를 접고,

대신 자레드의 스토리를 홍보에 활용하기로 결정했다.

그 결과는? '서브웨이 청년 자레드' 광고가 나가자마자 매출이 거의 20%나 뛰었다. 몇 년 뒤 서브웨이는 자레드 광고를 철수하기 시작했다. 그랬더니 매출이 바로 급감했다. 결국 서브웨이는 다시 자레드 이야기를 광고에 썼고 매출은 회복되었다.

왜 자레드의 이야기가 그렇게 큰 히트를 쳤을까? 어떻게 자레드 광고가 '7 under 6' 캠페인보다 훨씬 효과적일 수 있었던 것일까?

스토리가 통계보다 훨씬 더 강한 설득력을 가지기 때문이다. 스피치 코치 패트리샤 프립이 말한 것처럼 "사람들은 판매 광고에 저항하도록 훈련되어 있지만, 누구도 훌륭한 스토리를 이겨낼 순 없다." '7 under 6' 카피를 무시하는 건 쉽지만, 자레드의 이야기는 도저히 지나칠 수 없는 것이다. 자레드의 이야기와 우리는 무관하지 않다. 같은 인간으로서 우리는 그의 과체중 문제에 공감하게 된다. 비록 자신이 뚱뚱하지 않더라도 말이다. 호기심으로 이 이야기에 관심을 갖게 되기도 하고("와! 어떻게 그렇게 살을 뺐지?") 우리가 그 이야기를 직접 눈으로 확인할 수 있기 때문이기도 하다. 비록 자레드의 광고를 보지 않았더라도 머릿속으로 서브웨이 샌드위치를 '먹기 전'의 자레드와 '먹은 후'의 자레드 모습을 그려볼 수 있는 것이다.

'7 under 6' 캠페인은 우리에게 정보를 주는 유용한 숫자지만, 우리를 감화시키지 못해 끌어들이는 데 실패했다. 그 숫자는 우리를 궁금하게 만들지 못했다. 6 그램의 지방이 우리 몸에 미치는 영향에 대해 그림을 그려 볼 수 없는 것이다.

이와 같이 스토리는 소통을 위한 강력한 수단이 된다. 우리에게 감정적으로 관여하기 때문에 매력적일 수밖에 없으며, 우리가 마음속으로 스토리를 그려볼 수 있기에 기억에 오래 남는다. 소통에 성공하고 싶다면 반드시 스토리를 이용해야 한다.

**TED 요약**

스토리가 강력한 이유는

- 청중들을 감정적으로 사로잡기 때문이다.
- 청중들의 마음속에 영화 장면을 만들어내기 때문이다.
- 추상적인 아이디어를 시각화하기 때문이다.

TED
## 22

# 위대한 스토리의
# 5가지 요소

대중 연설의 핵심은 스토리를 전달하고 주장을 펼치는 것이다. 하지만 정확히 어떻게 해야 위대한 스토리를 만들 수 있는 것일까? 청중들을 사로잡는 이야기를 창조하는 데 필요한 요소는 무엇인가? 당신의 스피치와 프레젠테이션에 어떤 종류의 스토리를 포함시켜야 할 것인가?

### 스토리를 만들기 위한 재료

이번 챕터에서는 위대한 스토리의 5가지 요소에 대해 배우게 될 것이다. 우리는 자레드의 서브웨이 스토리가 이 5가지 요소의 프레임에 어떻게 들어맞는지 살펴볼 것이다. 또한 레슬리 모건 스타이너의 스토리를 통해 레슬리가 스토리 전달에 이 요소들을 활용하는 방법에 대해서도 살펴보고자 한다. 가정 폭력에서 벗어나는 법에 대한 레슬리의 강연을 우선 들어보는 것이 앞으로의 학습에 도움이 될 것이다(http://2url.kr/arcE).

**1. 스토리에는 인물이 있어야 한다**

당신의 스토리에서 주인공은 누구인가?

당신의 주인공이 어떻게 생겼는지에 대한 힌트를 주면 청중들은 그 인물을 그려볼 수 있다. 인물의 외양에 대한 정보를 제공하면 청중들이 그 인물을 '볼 수' 있게 되는 것이다.

서브웨이 스토리를 예로 들어보자. 이 이야기의 주인공은? 자레드 포글이다.

그에 관해 주어진 기본 정보는 무엇인가? 그는 인디애나 대학에 다니는 과체중 학생이다. 여기까지만 들어도 마음속으로 자레드에 대해 대충 그려볼 수 있다.

레슬리의 강연에서는 어떤가? 강연에 등장하는 주요 인물은 레슬리 본인과 그녀의 전 남편이다. 레슬리는 본인이 무대에 서있기 때문에 별도의 설명은 필요 없다. 하지만 전 남편은? 우리는 그에 대해 어떤 정보를 갖고 있는가? 레슬리는 그녀의 전 남편인 코너가 "아이비리그 대학을 졸업했고 월스트리트의 유명한 은행에서 근무했으며... 스마트하고 재치 있는 시골 소년 같은 모습이며 유난히 큰 사과 같은 뺨과 물결치는 금발 머리를 가진 상냥하게 생긴 사람"이라고 말한다. 코너에 대한 충분한 정보를 제공해 우리의 머릿속에 그에 대한 이미지를 그려낼 수 있도록 한 것이다.

스피치와 프레젠테이션에서 스토리를 말할 때 당신의 주인공이 어떻게 보이는가에 대해 구체적인 사항을 전달해야 함을 잊지 말자.

### 2. 스토리에는 갈등이 있어야 한다

갈등은 이야기의 낚시 바늘이다. 갈등은 청중들로 하여금 스토리에서 다음에 벌어질 일을 궁금하게 만든다. 그 갈등이 어떻게 해결될 것인지를 지켜보는 데 관심을 가지게 되는 것이다.

영화 〈타이타닉〉에서 주된 갈등이 무엇이었는지 기억나는가? 배가 침몰하고 있고 사람들은 살아남기 위해 몸부림친다. 특히 두 주인공(잭과 로즈)은 생존을 위해 사투를 벌인다. 그들이 살아남았던가? 죽었던가? 또한 잭과 로즈의 관계에 관한 두 번째 갈등도 있다. 그들은 함께할 방도를 찾았던가? 아니면 너무나 다른 배경 탓에 결국 이별하게 됐던가?

당신이 본 모든 위대한 영화와 책에는 주요 갈등이 등장하고 그 갈등이 어떻게 해결되는지에(혹은 해결될 것인지 여부에) 계속 집중하게끔 만든다.

다시 자레드의 스토리로 돌아가 보자. 이 이야기에서의 갈등은 무엇인가? 시작 부분의 갈등은 자레드가 몸무게를 줄이기 위해 노력한다는 점이다. 과체중 탓에 그의 삶은 험난하지만 자레드는 변화를 원했다.

그럼 레슬리의 스토리에서 갈등은 어떤 것일까?

> "코너는 제 화를 누른다는 핑계로 제 목을 두 손으로 움켜잡고 소리도 지르지 못할 정도로 꽉 눌렀고, 제 머리를 수차례 벽에 꽝꽝 찧었습니다. 5일 후 제 목에 난 열 개의 멍 자국이 사라졌고 저는 제 어머니의 웨딩드레스를 입고 그와 식을 올렸습니다. 무슨 일이 벌어졌든 간에 저는 그와 영원히 행복하게 잘 살 거라 믿었습니다. 그를 사랑했고, 그도 저를 사랑했기 때문에… 그건 우발적인 사고였고 다시는 제게 상처주지 않겠다고 말했죠.
> 신혼여행을 가서도 그런 일이 두 번 더 일어났습니다. 첫 번째는…"

레슬리의 이야기에서 갈등은 그녀가 남편에 의해 물리적인 상처를 받았지만 그를 사랑했고 변할 것이라 믿었기 때문에 남편을 떠날 수 없었다는 점이다.

### 3. 스토리에는 해결 방법이 있어야 한다

갈등은 어떻게든 해결되어야 한다.

당신의 스토리에서 갈등을 해소시키는 치유책은 무엇인가?

치유법은 청중들이 자신들의 인생에서 맞이하게 될지 모르는 갈등을 극복하도록 돕는다. 청중들의 삶에 가치를 더하는 것이다.

자레드의 스토리에서 치유책은 서브웨이 다이어트라는 형태로 등장했다. 그는 서브웨이 다이어트로 비만과의 싸움에서 이겼고 111kg을 감량했다.

레슬리의 스토리에서 해결책은 무엇이었을까?

> "최후의 가학적인 폭력 덕분에 저는 떠날 수 있었습니다. 저를 사랑하는 이 남자를 계속 놔두면 결국 저를 죽이게 될 거라는 걸 깨닫게 된 것이죠. 그래서 저는 침묵을 깨고 말했습니다. 모두에게 말했죠. 경찰, 이웃들, 친구와 가족, 심지어 생판 처음 본 낯선 사람들에게도…"

결국 해결책은 그녀가 남편의 마지막 폭력으로 인해 그동안의 현실 부정을 버리고 코너를 떠나기로 결심한 용기였다.

### 4. 인물들은 반드시 갈등의 결과로 변화해야 한다

스토리지 속의 인물이 갈등을 극복한 결과로 겪게 된 인격이나 태도의 변화는 무엇인가?

갈등을 겪은 후 그들이 세상을 바라보는 시선은 어떻게 변했을까?

갈등 이후 신체적, 감정적, 정신적으로 어떤 변화가 찾아왔을까?

예를 들면, 고난을 겪은 후 주인공은 더 강인해질 수 있다. 가난을 이겨내고 회사를 창업해 부자가 된 인물도 있을 것이다.

자레드는 심각한 과체중을 이겨내고 멋진 몸매를 갖게 됐다. 그는 서브웨이 샌드위치라는 '치유책'을 만나 외모와 감정에 대한 끔찍한 기분에서 벗어날 수 있게 된 것이다.

레슬리의 스토리에서는 모욕적인 관계에서 벗어남으로써 변화가 이뤄졌다. 자신의 상황을 부정하는 데서 벗어나 마침내 사랑하는 남자가 자신을 죽이게 될 수 있다는 현실을 받아들인 것이다. 더불어 그녀는 치욕스러운 관계를 청산하고 자신의 스토리를 세상과 나눔으로써 비슷한 상황에 처한 다른 이들을 도울 수 있게 됐다.

### 5. 스토리에는 궁극적 메시지가 있어야 한다

강연의 본질은 '스토리를 전달하고 주장을 펼치는 것'이다.

그럼 당신의 스토리에서 핵심적인 주장은 무엇인가?

청중들이 당신의 스토리/스피치/프레젠테이션을 통해 기억했으면 하는 단 한 가지는 무엇인가? 그것이 바로 당신의 궁극적 메시지로서 강연이 끝난 뒤에도 청중이 마음속에 담아갈 내용이며, 청중을 위한 당신의 선물이다.

서브웨이 스토리 광고의 궁극적 메시지는 서브웨이 샌드위치가 건강을 위한 선택이라는 것이다. 결국 그 덕분에 자레드는 111kg을 감량했다.

레슬리의 스토리가 가진 궁극적인 메시지는 무엇인가? 레슬리는 자신의 스토리를 이용해 가정 폭력에서 벗어날 것을 이야기하지만, 청중들에게 전하고자 한 궁극적 메시지는 그 관계에서 벗어나지 못하는 가정 폭력의 희생자들을 탓하지 말고 우리가 '아름답고 사랑스러운 사람들에게 행복한 미래를 보장해야 하고 조기에 폭력의 징후를 파악하고 성심을 다해 개입하여 상황을 완화시키고 희생자들이 안전하게 벗어날 수 있게 하자'는 것이다.

자레드의 서브웨이 스토리와 레슬리의 개인 스토리를 살펴봄으로써 우리는 효과적인 스토리를 뒷받침하는 5가지 요소를 파악할 수 있었다. 이 5가지를 적용해 당신의 한 마디 한 마디에 청중들이 집중하도록 만들라.

**TED 요약**
스토리로 청중들을 사로잡아라. 당신의 스토리에는 다음의 5가지 스토리텔링 필수 요소가 포함되어 있어야 한다.

- ❷ 인물
- ❷ 갈등
- ❷ 치유법
- ❷ 인물의 변화
- ❷ 궁극적 메시지

TED

# 23

## 역동적인 스토리텔링을 위한 전달 기술

위대한 스토리만 가지고는 충분치 않다. 청중들이 엉덩이를 붙이고 앉아있게끔 스토리를 전달하는 방법도 알아야 한다. 책으로 그 전달 기술을 익히기는 쉽지 않은 일이지만, 당신을 역동적인 연사로 만들어줄 몇 가지 중요한 전달의 도구들을 살펴보기로 하자.

### 시작하기 전에 잠시 멈춰라

강연자들은 흔히 무대에 오르자마자 바로 말을 시작하는 우를 범한다. 그 대신 무대에 올라가서 말을 꺼내기 전 우선 몇 초 동안 청중들과 눈을 맞추도록 하자. 이는 청중들을 이해하는 과정이고 강연 시작 전에 그들과의 관계를 구축하는 방법이다.

시작 전에 잠시 멈춤의 시간을 갖는 데는 여러 다른 이점도 있다. 우선 당신이 침묵을 두려워하지 않는 자신감에 찬 강연자라는 인식을 심어줄 수 있다. 둘째로, 강연장에 있는 모든 이들이 같이 공명하고 기운을 맞출 수 있는 여지를 제공한다. 만약 당신이 무대에 막 올랐는데 청중들이 서로 잡담을 하고 있었다면, 몇 초간의 침묵은 그들이 대화를 멈추고 당신에게 집중시키는 시간이 된다. 마지막으로, 연설 전에 잠시 멈춰 서서 자신감을 충전할 수 있다. 강연에 부담감을 갖고 있다면 연설 시작 직전 잠시 숨을 고르고 마음을 진정시키는 시간을 두도록 하라. 나도 중요한 프레젠테이션을 앞두면 긴장하는데, 시작 전 몇 초간 멈추는 시간을 가지면 보통은 그런 울렁거림이 사라지게 된다.

### 미소 지어라

무대에 오를 때 친근한 미소를 지어 당신이 청중의 존재를 인식하고 있음을 보여야 한다. 하지만 억지로 웃을 필요는 없다. 사람들은 무의식적으로 거짓 웃음을 알아챌 수 있다는 연구 결과가 있다. 청중들이 시간을 내어준 것에 진심으로 감사하는 마음을 가져야 한다. 자신의 메시지를 세상과 공유할 기회를 얻은 것을 인식하고 스스로 긍정적인 마음가짐을 갖추면 저절로 미소가 지어질 것이다.

무대에서 웃지 말아야 할 유일한 시간은 강연장 내에 긴장감을 형성하고자 할 때이다. 사랑하는 이들의 죽음으로 시작되는 슬픈 이야기를 전한다면 웃음기를 거두고 강연을 시작하는 것이 옳다.

하지만 보통의 경우라면 청중들을 향해 미소를 보이는 것이 좋다. 그 미소가 가져다 줄 온기와 성실함은 청중들과의 감정적 관계를 형성하는 첫걸음이 된다.

### 눈을 맞춰라

청중들과 눈을 맞추는 것은 그들의 신뢰를 얻는 훌륭한 방법이다. 우리는 보통 진실의 순간에 눈을 맞추게 되고 거짓말을 할 때는 시선을 회피한다. 그러므로 청중들과 가능한 한 자주 눈을 맞추도록 하라.

눈을 맞출 때는 훑어보다 멈추는 방법을 추천하고 싶다. 당신의 스토리를 전할 때 눈으로 죽 훑어보며 강연장 내의 각 부분(앞쪽, 뒤쪽, 왼쪽, 오른쪽 그 다음 중앙)에 있는 사람들과 순간적으로 눈을 맞추는 것이다. 하지만 중요한 주장을 하는 지점에 이르러서는 시선을 멈추고 한 사람만을 바라보면서 당신의 주장을 전달하라. 이와 비슷하게 중요한 질문을 던질 때도 강연장 내의 한 사람에게 시선을 멈추고 질문을 던지는 방법도 괜찮다.

### 말을 끌지 마라

"음…", "어…"와 같이 말을 끄는 것은 자신에 대한 확신이 결여되어 있다는 느낌을 주기 때문에 메시지의 신뢰도를 떨어뜨릴 수 있다. 또 '인 것 같다'든가 '그럭저럭' 같은 불명확한 표현들도 지양하는 것이 좋다. 이런 말 끌기를 없애는 첫 번째 단계는 당신이 사용하는 단어나 표현에 대해 정확히 인지하는 것이다. 두 번째는 무엇을 말할지 확신이 없을 때 잠시 말을 멈추는 것이다. 대개 강연자들은 말을 어떻게 이어야 할지 모를 때 말을 끈다. 신중하게 말을 멈추는 연습을 계속하면 말 끄는 버릇은 자연스럽게 사라질 것이다.

이 방법을 연습하기 위해 다음 스피치나 프레젠테이션까지 기다릴 필요는 없다. 일상적인 대화에서 바로 사용해보라. 다음 말이 바로 떠오르지 않을 때 이 멈춤의 기술을 연습해보라. 처음엔 어려울 수 있지만 자꾸 사용할수록 익숙해질 것이다.


### 자연스러운 제스처를 취하라

스피치 강연을 다니면서 내가 가장 자주 듣는 질문 중 하나는, "손을 어떻게 해야 합니까?"이다.

최대한 손은 자연스럽게 사용해야 한다. 평상시 친구들과 대화할 때처럼 손을 쓰는 게 좋은데, 대중 연설이란 것도 결국은 당신의 말에 관심을 갖는 일군의 사람들과 나누는 일종의 대화이기 때문이다.

앤서니 로빈스는 그의 TED 강연에서 다음과 같은 질문을 던졌다 (http://bit.ly/cJS7Ug).

> "우리가 스스로에게 던지는 질문은 이겁니다: 그게 뭐지? 그게 우리에게 어떤 영향을 주지?"

이 질문을 할 때 그의 손은 생각할 때 하듯 턱을 괴고 있다. 계산된 제스처였을까? 분명 아닐 것이다. 자연스럽게 나온 것이다. 제스처에 신경 쓰지 않고 자신의 프레젠테이션에 열정을 갖고 빠져들다 보면 이렇게 자연스런 몸짓이 나올 것이다.

마찬가지로 대니얼 핑크도 그의 TED 연설 중에 제스처를 매우 효과적으로 사용한다. 보상의 경중에 대해 강연할 때 그의 손은 낮은 보상을 말하는 시점에서는 낮게, 높은 보상을 말하는 시점에선 높게 위치해 있다. 이런 제스처는 대니얼이 말하는 바를 시각적으로 보조하는 역할도 한다.

'자연스러운 제스처를 취하라'고 답하는 게 독자들에게 별 도움이 되지 않을 수도 있으니 손을 쓰는 세부적인 방법에 대해 몇 가지 이야기해보도록 하겠다.

> **팔짱은 끼지 마라:** 이 제스처는 당신이 방어적이라고 느끼게 만들 수 있다. 연구 결과에 따르면 사람들은 팔짱 끼는 사람들에게 호감을 덜 느끼는 것으로 나타났다.

> **주머니에 손을 넣지 마라:** 내가 이렇게 조언하는 2가지 이유가 있다. 첫째, 주머니 속의 동전이나 작은 물건들을 만지작거리는 버릇을 가

진 사람들이 많다. 보는 사람 입장에선 짜증날 수 있다. 둘째, 손은 청중들이 당신의 스토리를 볼 수 있게끔 돕는 소중한 도구이다. 손으로 형체나 크기를 표현할 수 있으니 손을 절대 숨기지 마라!

▶ **사타구니에 두는 것은 피하라**: 많은 남성들이 종종 취하는 자세가 손을 겹쳐 자신의 국부 앞에 두는 것이다. 시선을 분산시킬 뿐 아니라 자칫 강연자가 불편하고 불안정해 보일 수 있다.

▶ **청중에게 손가락질하지 마라**: 손가락으로 청중을 지목하는 것은 무례한 행동으로 비춰져 청중의 기분을 상하게 할 수 있다. 굳이 그래야 할 경우라면 대신 손바닥을 펼쳐 청중을 지목하라.

▶ **당신이 말하는 바를 보여주는 데 손을 사용하라**: 당신의 손은 청중들이 스토리를 생생하게 느끼도록 도와야 한다. "존은 180cm 정도의 키에 그리스 조각처럼 생겼습니다"라고 말할 때 그의 키와 외양을 표현하는 데 손을 사용하면 좋다.

### 자세로 당신을 표현하라

스피치를 할 때는 자신감에 찬 자세로 서 있어야 한다. 당신이 취할 수 있는 가장 자신감 있는 자세는 등을 꼿꼿이 세우고 가슴을 내미는 것이다. 자신감 있는 강연자는 자신의 신체를 사용해 필요한 만큼의 공간을 확보하여 무대를 장악한다. 불안하고 수줍어하는 연사는 좁은 공간만을 이용해 가능한 한 작은 자세를 취하는 경향이 있다. 고개를 숙이고 손은 몸에 착 붙여 최대한 스스로를 작아 보이게 하는 것이다.

자신의 연설 모습을 동영상으로 찍어 자기 모습이 자신감 있게 보이는지 스스로 분석해 볼 것을 권한다. 이렇게 해본 결과 나는 내가 약간 등을 굽히고 똑바로 서있지 않다는 점을 발견할 수 있었다. 단점을 알게 된 덕분에 나는 의식적으로 좀 더 어깨를 젖히고 등을 똑바로 펴려고 노력한다. 이렇게 자세를 취했을 때 자신감이 더 느껴진다는 건 내 방법이 옳다는 증거일 것이다.

또한 무대에서 스토리 속 인물들의 자세를 취함으로써 그들을 생생하게 표현할 수 있다. 당신의 이야기에 등장하는 인물이 작고 약한 노인이라면 허리를 굽히고 작은 소리로 그녀의 말투를 흉내 내어 볼 수 있을 것이다. 이는 무대 위에서 내용 속 인물을 사람들이 볼 수 있게 하는 효과가 있다.

### 스토리와 표정을 일치시켜라

당신의 표정은 당신이 전달하는 스토리와 일치해야 한다. 매우 슬픈 이야기라면 그 슬픔이 얼굴에 드러나도록 하라. 이야기 속 인물이 매우 흥분한 상태라면 그 흥분이 당신의 표정에서 포착되어야 할 것이다.

표정은 미소를 짓는 데도 도움이 된다. 재미있는 농담을 던질 때 오른쪽 안면 근육을 사용해 더 큰 웃음을 끌어낼 수 있다. 딱 벌린 입은 놀라움을, 치켜 올려진 눈썹은 혼란을, 크게 뜬 눈은 공포를 이야기에 더해주고 청중을 즐겁게 한다. 당신이 가장 좋아하는 코미디언의 영상을 한번 살펴보는 것도 좋다. 그의 표정에 집중하면 단지 얼굴 표정만으로 큰 웃음을 유발하는 장면을 종종 볼 수 있을 것이다.

### 말하지 말고 보여주어라

『청중의 마음을 사로잡는 화술 무작정 따라하기』(길벗, 2005)의 저자 더그 스티븐슨은 말하기를 "행동이 곧 언어다. '너무 불안해서 말을 못하겠어요'라고 하지 말고, 보고 느낀 바를 보여줘라. 할 말을 찾느라 더듬거나 어물거리는 사이 좌절을 맛보게 된다"고 했다.

가능한 한 말보다 보여주기의 원칙을 따르도록 하라.

### 청중이 많을수록 활발하게 움직여라

청중의 숫자가 늘어나면 당신도 더 커져야 한다.

제스처도 더 커져야 하고 목소리도 높여야 한다는 뜻이다. 청중이 적다면 굳이 언성을 높일 필요가 없다.

예를 들어 유명 강사 앤서니 로빈스의 강의는 보통 수천 명의 사람들이 줄을 서기 때문에 그의 제스처는(또 표정의 표현도) 항상 크다. 하지만 TED에서 연설할 때는 훨씬 적은 청중을 상대로 하기 때문에 표정과 제스처를 훨씬 작게 줄인다.

### 청중들과 분위기를 맞춰라

차분한 청중들을 대할 때는 그들이 높은 에너지를 발산하면서 같이 흥분해주길 기대하지 마라. 대신 그들과 기운을 맞추면서 활동, 질문 등을 이용해 분위기를 끌어올리려고 노력하라. 마찬가지로 매우 흥분하고 당신에게 열광적인 청중들을 상대할 때는 그들의 에너지와 맞추려고 노력하라.

청중들은 항상 앤서니 로빈스의 세미나에 열광하기 때문에 그 역시 높은 에너지를 발산하면서 분위기를 고조시킨다. 음악과 박수와 춤이 뒤섞인다.

하지만 청중들이 감정을 잘 표현하지 않는 TED 강연을 할 때는 청중들의 분위기에 맞춰 훨씬 부드러운 오프닝을 선보인다.

### 무대를 십분 활용하라

우리에 갇힌 호랑이처럼 어수선하게 무대를 서성이지 말라. 무대에서의 이동은 계산된 것이어야 하며 당신이 전달하는 스토리를 보여주는 데 일조해야 한다. 스토리의 장면이 바뀌는 것에 맞춰 무대에서의 위치도 바꾸는 것이 좋다. 예를 들어 당신이 직장에서의 상황을 말할 때는 무대의 오른쪽에 서 있다가, 퇴근 후 집에 있는 장면을 설명할 때는 자연스럽게 왼쪽으로 걸음을 옮겨서 집에서의 모습을 연출하라. 다시 당신이 무대의 오른쪽으로 이동하면 청중들은 굳이 말하지 않아도 당신이 다시 사무실로 돌아갔음을 알게 될 것이다. 이런 식으로 무대를 소품처럼 다루면 당신의 이야기가 청중들에게 훨씬 시각적으로 잘 전달될 수 있다.

또한 무대를 활용해 시간의 흐름을 보일 수도 있다. (관객들의 시각에서) 무대의 왼편은 과거를 상징하고 중앙은 현재를, 오른편은 미래의 시점을 나타내게 하면 된다.

### 다양한 목소리를 이용하라

목소리도 소품의 하나가 될 수 있다. 목소리를 이용해 청중들의 마음에 각기 다른 감정을 불러일으킬 수 있다. 문장을 짧게 줄이고 멈추지 않고 빨리 말하면 마치 자동차 추격 장면 같은 흥분을 자아낼 수 있다. 반면 해변에서의 휴식에 대해 이야기하면서 천천히 느긋하게 말을 전하면 해변에 앉아 있는 듯한 평화로움을 느끼게 할 수 있는 것이다.

하지만 역동적인 전달 기술의 핵심은 대비적인 어조의 사용에 있다. 당신이 항상 크고 빠르고 말하면 청중들은 높낮이를 느끼지 못하고 쉽게 지쳐버리고 만다. 또 너무 조용하게 천천히 말하면 조는 사람들이 속출하게 될 것이다. 비밀은 믹스 앤 매치이다. 목소리 볼륨과 페이스에 변화를 주면서 스토리의 장면 각각마다 다른 분위기를 연출하라.

인물의 대사를 전할 때는 음의 높이에 변화를 줘라. 그 인물에 맞는 목소리를 쓰는 것이다. 남자 역할에는 약간 저음으로, 늙은 여자 역할이라면 다소 높은 톤으로 말하라. 하지만 이 기술을 너무 맹신하지는 말자. 당신이 남성이라면, 어린 여자아이의 대사를 전한다고 해서 너무 높은 여자아이 톤으로 말할 필요는 없다. 미묘하게, 그러나 눈치 챌 수 있을 정도로만 변화를 주면 된다.

---

**TED 요약**

다음의 기술을 활용하면 강력하고 역동적인 연사가 될 수 있다.

- 시작하기 전에 잠시 멈춰라.
- 미소 지어라.
- 눈을 맞춰라.
- 말을 끌지 마라.
- 자세로 표현하라.
- 이야기에 얼굴 표정을 맞춰라.
- 말로 하지 말고 보여주어라.
- 청중이 많을수록 활발하게 움직여라.
- 청중과 분위기를 맞춰라.
- 무대를 활용하라.
- 목소리에 변화를 주라.

TED
# 24

# TED 강연
# 최종 준비 8단계

**1. 리허설하라**

나는 청중들 앞에서의 강연 리허설을 신봉하는 사람이다. 친구와 가족을 모아놓고 모두의 눈이 당신에게 쏠려 있는, 실제 강연할 때의 기분을 느껴보라. 친구와 가족들이 당신에게 개선할 점이나 변화해야 할 필요성에 대한 소중한 조언을 해줄 수도 있다. 토스트마스터즈 같은 강연 컨설팅 모임에 가입해서 스피치를 연습하고 전문 강연자로부터 피드백을 얻을 수도 있을 것이다.

청중을 앞에 두고 예행연습을 할 수 없다면 연설 내용을 소리 내어 읽어보라. 강연장과 같은 환경을 조성하고 실제 사람들 앞에서 말하는 것처럼 연설해보는 것이다. 실제 무대에서 말하는 것처럼 목소리 크기, 톤, 제스처를 맞춰야 한다. 그리고 가능하면 그 연습하는 모습을 영상으로 기록하여 후에 개선할 점을 리뷰할 수 있도록 하는 편이 좋다.

### 2. 운동하라

강연하는 당일에는 어떤 형태로든 신체적 운동을 하라. 체육관에 가거나, 요가를 하거나, 조깅하라. 운동은 행복감을 주는 엔돌핀을 분비하게 만든다. 중압감도 덜고 프레젠테이션에 대한 자신감도 생길 것이다.

### 3. 강연장 주위를 걸어보라

강연 당일 당신이 강연하게 될 강연장을 미리 방문하라. 강연장 주위를 걸으며 청중들이 당신을 어떻게 보고 듣게 될 것인지를 파악해둬야 한다. 걸어 다니면서 당신이 강연할 때 청중들의 시야를 막는 장애물이 없는지 등을 살펴보라.

### 4. 무대와 친해져라

당신이 연설을 펼칠 무대 위를 걸어보면서 운신할 충분한 공간이 나오는지 확인하라. 또한 무대 위를 미리 걸어보면 '연설 모드'에 들어서는 데 도움이 된다. 이렇게 강력한 프레젠테이션을 위한 마음가짐을 미리 준비하는 것이 좋다.

### 5. 장비를 테스트하라

파워포인트나 마이크를 사용할 예정이라면 제대로 작동하는지 미리 체크해야 한다. 장내 마이크가 잡음 없이 잘 들리는지, 강연장 내 곳곳에서 확인해 볼 것을 권한다.

### 6. 오프닝을 리허설하라

강연장에서 스피치의 오프닝 부분을 다시 한 번 리허설해보라. 그러면 나중에 무대에 올라 실제 강연을 시작할 때 무대 울렁증을 극복하는 데 도움이 될 것이다.

### 7. 음악을 들어라

2009년 토스트마스터즈 챔피언 마크 헌터는 바로 앞 순서가 끝나기 전까지 음악을 듣는다고 내게 말해줬다. 차분히 집중하는 데 도움이 된다는 것이다.

스피치나 프레젠테이션에 앞서 평소에 즐기는 음악을 들으면 긴장 완화와 집중 효과가 있다.

## 8. 성공을 그려보라

세계적 수준의 운동선수들은 경기 직전에 최고의 퍼포먼스를 펼치는 자신을 머릿속에 그려본다고 한다.

이미지화는 놀라운 결과를 낳을 수 있다. 연설을 훌륭히 마친 자신을 상상해보라. 어떤 난관도 쉽게 헤쳐 나가는 자신의 모습을 그려보라. 이미지화는 당신이 최고의 퍼포먼스를 내도록 도와줄 것이다. 최고의 스피치를 위한 정신 무장을 하라. 자신감을 북돋아 줄 뿐 아니라 예기치 않게 발생한 문제를 다룰 때도 알지 못하는 사이에 대비 태세가 갖춰지는 효과가 있다.

---

**TED 요약**

TED 강연 무대에 오르기에 앞서
- 강연을 리허설하라.
- 엔돌핀이 발산되도록 운동하라.
- 강연장 주변을 걸어보라.
- 무대와 친해져라.
- 장비를 점검하라.
- 오프닝을 리허설하라.
- 음악을 들어라.
- 머릿속에 성공을 그려라.

TED

# 25

# 마무리: 완벽한 TED 강연을 하는 법

자, 이제 최고의 TED 강연을 위한 공식을 다시금 복기해 보자.

완벽한 TED 강연은 단순하고 구체적이며, 믿을만하고 예기치 않은 요소를 포함하며, 청중들의 감성을 자극하고 스토리를 이용해 메시지를 전달한다.

### 단순하게(Simple)

- ▶ 당신의 핵심 메시지를 찾아라.
- ▶ 핵심 메시지를 간단하고 기억하기 쉬운 파워 프레이즈로 압축하라.

- 단순하고 쉬운 구조를 사용하라.
- 로드맵을 제공하라.

### 예기치 않게(Unexpected)

예측 가능하고 지루한 오프닝은 피하라. 스토리, 질문, 인용, 재미있고 흥미로운 진술이나 되부르기를 사용해 시작하라.

- 충격적인 통계와 사실을 활용하라.
- 뭔가 새로운 것을 제시하라.
- 청중들에게 신선한 지혜를 제공하라.
- 관습적 통념을 반박하라.
- 경탄의 순간을 창조하라.

### 구체적으로(Concrete)

- 구체화하라.
- 유추, 은유, 직유, 사례 연구와 스토리를 사용하여 개념을 구체적인 이미지로 전환시켜라.
- 청중에게 취해야 할 행동을 제안하라.

## 믿을만하게(Credible)

- 제3자의 말을 인용해 신뢰감을 더하라.
- 소개말부터 신뢰감을 형성하라.

## 감성적으로(Emotional)

- 방 안의 코끼리를 언급하라.
- 공통의 목표로 사람들을 규합하라.
- 공통의 적으로 사람들을 규합하라.
- '우리' 관계를 만들어라.
- 해결책 제시에 앞서 고통을 부각시켜라.
- 강력한 시각 자료로 청중들의 감정을 흔들어라.
- 청중들의 호기심을 불러 일으켜라.
- 유머로 청중들의 호감을 이끌어라.

## 스토리를 담아(Story)

- 스토리텔링의 5가지 요소를 사용하라.
- 역동적인 스토리텔링을 위한 전달의 기술을 사용하라.